足球规则与战术
完全图解 修订版

苗霖66 编著

人民邮电出版社

北京

图书在版编目（CIP）数据

足球规则与战术完全图解 / 苗霖66编著. -- 2版（
修订本）. -- 北京 : 人民邮电出版社，2022.4
ISBN 978-7-115-57875-4

Ⅰ. ①足… Ⅱ. ①苗… Ⅲ. ①足球运动－竞赛规则－
图解②足球运动－竞赛战术－图解 Ⅳ. ①G843-64

中国版本图书馆CIP数据核字(2022)第018352号

内 容 提 要

　　本书是依据国际足球联合会（FIFA）制定的足球规则写作的足球规则图解指导书。全书共分
四章，分别介绍了比赛场地、用球、人员规则，足球比赛规则，足球比赛规则与历史发展变化，以
及比赛战术与发展创新。全书图文并茂，书中所有的规则都用高清的真人实拍图及手绘示意图呈现，
方便读者更好地理解足球比赛知识和规则。全书对足球规则做了全方位的生动解读，是体育教师和
足球爱好者了解足球知识、足球文化、足球规则发展与改革的基础读物。

　◆　编　　著　　苗霖66
　　　责任编辑　　刘日红
　　　责任印制　　马振武

　◆　人民邮电出版社出版发行　　北京市丰台区成寿寺路 11 号
　　　邮编　100164　　电子邮件　315@ptpress.com.cn
　　　网址　https://www.ptpress.com.cn

　　　涿州市般润文化传播有限公司印刷

　◆　开本：700×1000　1/16
　　　印张：8.75　　　　　　　　　2022 年 4 月第 2 版
　　　字数：215 千字　　　　　　　2025 年 11 月河北第 16 次印刷

　　　　　　　　　　　定价：49.80 元

读者服务热线：**(010)81055296**　印装质量热线：**(010)81055316**
反盗版热线：**(010)81055315**

序

当人民邮电出版社邀请我写一本关于足球规则与战术的书时，我心里既忐忑又激动，因为这是我人生中第一次写书。

我从小就梦想成为一名作家，写一本关于武侠或侦探的小说。但理想很丰满，现实很骨感，这个愿望一直都没有达成，也许是缘分不够，终归是：有缘的邂逅，无缘的结合，片刻的欢欣，无限的惘然。正当我以为我的前半生可能都不会写书的时候，作为足球解说员的我竟然写作了一本关于足球的书，感觉既惊喜，又很意外。

如果你想知晓足球这项运动，最应先了解的就是足球规则和战术，这是足球入门的基本通道。规则和战术，既简单又深奥。说它简单，是因为这些内容一目了然、一看便懂。说它深奥，是因为围绕这些规则和战术，在足球场上可以制定出很多制敌之策，这里面充满了学问。说一个人懂不懂球，就是指他是否知晓这些规则和战术。

为了写好这本书，我用了将近一年的时间，查阅国内外各大足球网站，搜寻足球报纸和杂志，咨询业界的专家学者，以求把最专业、最全面、最翔实的内容呈献给大家。于我来说，这也是一段学习的过程。

本书除了讲解规则和战术本身之外，还详细讲述了规则的发展历史、战术的演变过程。《剑桥规则》《谢菲尔德规则》究竟是什么？越位的规则是什么时候制定的？三后卫的阵形是如何出现的？每一个阵形的特点又是什么？读了这本书，相信你会有一个全新的认识。

书里还收录了我身穿球衣、裁判服的照片，用图片的形式可以更直观地呈现足球的知识。

这里，自然要感谢一些人。我要感谢中国传媒大学的鲁景超教授，感谢她作为我的导师一直以来对我的教诲与帮助。感谢单田芳老师、刘延广老师对我的关心和支持。感谢所有球迷朋友对我的支持、鼓励、批评和建议。没有你们的一路同行，我就不可能坚持到现在。还有很多曾经帮助过我的老师和朋友，一本书的出版毕竟不是获奖感言，就不矫情地再次——感谢了。

茴霖66

目录 contents

第 3 章 足球比赛规则与历史发展变化

第 4 章 比赛战术与发展创新

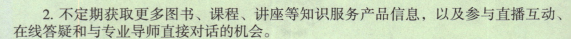

资源与支持

配套服务

扫描右侧二维码添加企业微信：

  1. 加入体育爱好者交流群。

  2. 不定期获取更多图书、课程、讲座等知识服务产品信息，以及参与直播互动、在线答疑和与专业导师直接对话的机会。

第 1 章

比赛场地、用球、人员规则

CHAPTER ONE

≫ 场地规格 ⋘⋘⋘⋘⋘⋘⋘⋘⋘⋘⋘⋘⋘⋘⋘⋘⋘⋘⋘⋘⋘⋘⋘⋘⋘

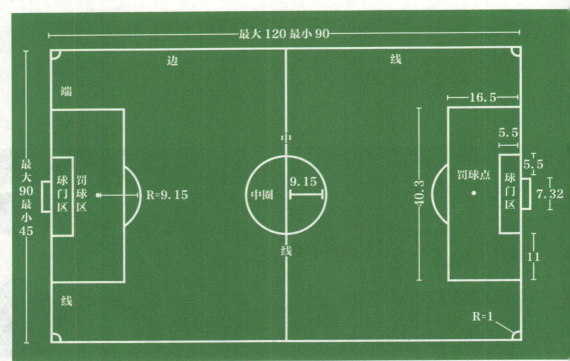

（单位：米）

足球场地的材质

足球比赛场地必须是长方形并覆盖天然草坪或人造草坪的。足球场上的草坪大多是深浅交替的，一来美观，二来方便边裁判断是否越位。

不同比赛对场地的要求

11人制足球场：长度90～120米，宽度45～90米。
国际比赛足球场：长度100～110米，宽度64～75米。
世界杯球场标准：长度105米，宽度68米。

注：正式的国际比赛必须在天然草坪球场中进行，不得在人造草坪进行。

>>> 四线 <<<

1 边线和端线

足球场两边的长线称为边线。如果把足球场比作长方形，那么长方形的长就是足球场的边线，长方形的宽就是足球场的端线，也就是足球场两端较短的线。无论是边线还是端线，按规定，线的宽度都是不超过12厘米，且线宽所占面积算在足球场范围之内。

边线和端线的作用？

可判定足球是否出界：

(1) 当球完全越过边线（无论是在空中还是地面），发界外球。

(2) 当球完全越过端线，如果是本方球员最后碰出端线，则由对方球员从出线一侧角球区发角球。若对方球员最后碰出端线，则由本方球员发球门球。

2 球门线

顾名思义是球门的线，也就是球门两个立柱之间的线，它属于端线的一部分。

球门线的作用？

(1) 判断是否进球，只有整体从球门柱间及横梁下越过球门线才算进球。就算门将的双脚和双手都在球门线之内把球击出，只要球没有整体越过球门线都不算进球。

(2) 罚点球的时候，门将的双脚必须站在球门线上。

(3) 当在罚球区内有间接任意球，且罚球点不足9.15米时，防守球员可以站在球门线上防守。

3 中线

足球场正中间的线叫作中线，它垂直于边线，平行于端线，把足球场平均分为两半，也就是我们熟知的前后半场。

中线的作用？

(1) 在中圈开球的时候，双方队员在开球前必须站在本方半场内，不能超过中线。

(2) 越位的标志，只有越过中线才会存在越位的情况。

>>> 三区 <<<

1 球门区

球门区也叫"小禁区"，即右侧图中浅色区域。距离两个球门立柱内侧5.5米处为球门区的长，球门区的宽为5.5米。以世界杯足球场标准为例，球门区的长是18.32米，宽是5.5米。

■— 球门区　　　（单位：米）

2 罚球区

罚球区也叫"大禁区"。是从球门柱内侧16.5米处画两条垂直于球门线的线段，两端由一条平行于球门线的线段相连成的区域。如右图浅色区域所示。以世界杯足球场标准为例，罚球区的长是40.32米，宽是16.5米。

■— 罚球区　　　（单位：米）

③ 角球区

以距离角旗杆 1 米为半径画一个四分之一的圆，弧内区域叫作角球区，弧线叫作角球弧。球场中一共有四个角球区，分别分布在球场的四个角，见右图浅色区域。

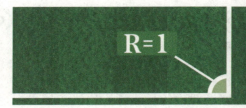

□— 角球区 （单位：米）

≫ 两点 ≪≪

① 点球点

也叫罚球点、12 码点，垂直距离球门正中间 12 码处的点为点球点，所以点球点垂直距离球门线约等于 10.97 米。点球点是罚点球时放球的位置，见下图中红点位置。

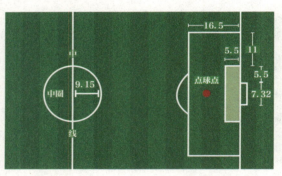

□— 点球点 （单位：米）

② 发球点

也叫中点，就好像围棋正中心的点"天元"一样，是足球场的正中心。这个点是上、下半场，加时赛，打进一球后比赛重新开球的位置，见下图中红点位置。

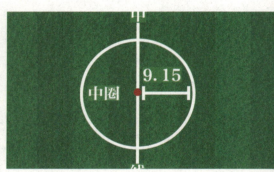

□— 发球点 （单位：米）

≫ 一圈和一弧 ≪≪

① 中圈

中圈是足球场正中间的圆圈。以世界杯足球场标准为例，中圈是以发球点为圆心，半径为 9.15 米画一个圈，见右图圆形区域。在中圈开球的时候，对方球员不能进入中圈，当开球队员将球踢出球体一周的距离后，才能进入中圈。

注：现在的开球规则也有变动，之前的开球规则是开球队员只能向前踢，现在变为可以朝任何方向踢。开球规则的改变会带来战术方面的变化。

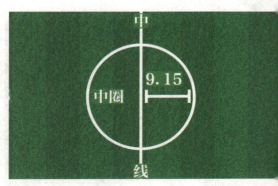

□— 中圈 （单位：米）

② 罚球弧

罚球区外面的弧叫作罚球弧，也叫禁区弧，见右图红线。罚球弧是以点球点为圆心，半径为 9.15 米画一段弧线。在罚点球时，除了点球队员和守方门将外，其他球员必须都在罚球区和罚球弧以外。

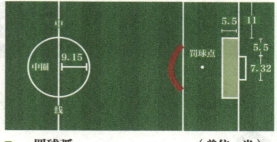

□— 罚球弧　　　　　　（单位：米）

≫ 其他 ≪≪≪≪≪≪≪≪≪≪≪≪≪≪≪≪≪≪

① 球门（11 人制）

球门必须放在端线的中央，长为 7.32 米，高为 2.44 米。立柱和横梁所用材料的宽度与厚度是一样的。球门线的宽度与立柱和横梁宽度一致。立柱与横梁必须是白色。球网系在球门和球门后面的地上，并且要适度撑起，以免影响门将防守。

② 角旗

角旗是场地四周的标志，应垂直竖于边线与球门线外沿的交点处。角旗的材料一般为布或者绸料，长 50 厘米，宽 40 厘米。

□— 球门

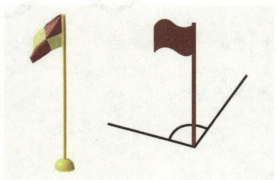

□— 角旗

③ 角旗杆

角旗杆一般由竹竿或者其他适宜材料组成。高度为 150 厘米，不包括插入地下部分。

④ 中线旗杆

中线旗帜和中线旗杆与角旗、角旗杆相同，位置在中线两端，距离边线 1 米处。

为什么只有世界杯足球场有统一标准，其他足球场只规定范围呢？

有一些球场由综合性体育场改建而成，尺寸不易控制，还有一些则比较古老，难以改变。除此之外，还有地价等因素。
球场尺寸的不固定，会影响球队的技战术打法。如之前阿森纳的主场海布里球场，尺寸相对其他英超联赛的场地狭小一些，有助于提高反击速度和加强防守。
球场越宽、长，就越适合边路进攻以及长传打身后的打法；球场越窄、短，则越适合中路短传渗透的打法。

足球规格

1 大小

足球外皮基本是由 32 块皮拼接成的。其中，20 块是六边形，12 块是五边形（2006 年德国世界杯之后，足球球面拼接数发生了改变）。球的周长不得长于 71 厘米或短于 68 厘米。球的重量，在比赛开始时不得多于 453 克或少于 396 克。充气后其压力应相当于 0.6 ~ 1.1 大气压力（在海平面上），即相当于 6 ~ 11 牛 / 厘米^2。

1 号足球	2 号足球	3 号足球	4 号足球	5 号足球
直径约 8 厘米，用于儿童娱乐，也有部分为装饰、纪念品。另外，还有球员用于练习颠球等小技术。	直径约 15 厘米，同 1 号足球用处基本相同，用于儿童娱乐和球员练习颠球等小技术。	直径约 18 厘米，为 5 ~ 12 岁青少年学习用球。	直径约 19 厘米，用于 5 人制、7 人制、室内足球比赛，以及部分 9 人制比赛，同时可用于初、高中青少年的足球训练和比赛。	直径约 21.5 厘米，是正规比赛用球，主要用于 11 人制、部分 9 人制和部分室内足球比赛。

2 材质

足球比赛用球可用皮革或其他适当的材料制成，但不得使用可能伤害运动员的材料。常见的有 PVC、PU、真皮三种。

PVC 材质　　PU 材质　　真皮材质

》》 比赛用球 《《《《《《《《《《《《《《《《《《《《《《《《《《《《《《《《《《《

1 5号足球

大型 11 人制足球赛事，如世界杯、欧洲杯等，比赛用球都是 5 号足球。

周长：不长于 70 厘米，不短于 68 厘米。

重量：不少于 410 克，不多于 450 克。

气压：0.6 ~ 1.1 大气压（6 ~ 11 牛 / 厘米^2）。

材料：皮革或高质量合成革。

2 比赛用球规定

(1) 用球数量

正规的足球赛事采取多球制度，一般需要 10 个比赛用球，且每个比赛用球都要符合规定。

(2) 坏球的更换

① 若球在球员运球过程中或者比赛进行时出现泄气、破裂或损坏的情况，裁判员应该鸣哨暂停比赛，更换比赛用球，并且在原球损坏时所在的地点以坠球的方式恢复比赛。

② 如果比赛用球在开球、球门球、任意球、角球、点球、界外球等死球时出现泄气、破裂或损坏的情况，在更换全新完好的比赛用球后，重新开始比赛。

③ 在比赛中未经裁判员的允许是不能更换比赛用球的。

(3) 三种标志

在国际足联和洲际联合会主办的比赛中，比赛用球必须带有下列三种标志之一。只有比赛用球印有其中一个标志，才能证明该比赛用球已经被正式检测，并符合各级别赛事规定的特殊技术要求，在正式比赛中可以使用。

① 正式"国际足联批准"标志。

② 正式"国际足联监制"标志。

③ 经验证"国际比赛用球标准"标志。

(4) 广告规定

在国际足联、洲级联合会和国家协会主办的足球比赛中，除比赛及比赛组织者的标志和制造商的商标外，不允许在球上出现任何商业广告。

世界杯用球

(1) 1950 年巴西世界杯

1950 年，第 4 届世界杯采用以小块皮革镶拼的"超级艾伦得宝 T"（ALLEN SUPER DUPLO T）作为比赛用球，这种逐块拼接的制作工艺对后来的足球设计产生了极大影响。

(2) 1954 年瑞士世界杯

在 1954 年的第 5 届世界杯比赛用球"瑞士世界冠军"（SWISS WORLD CHAMPION）上印有瑞士国旗标志，在缝制部分的形状上也开始有了比较明显的变化。

(3) 1958 年瑞典世界杯

1958 年，瑞典第 6 届世界杯比赛用球"巨星"（TOP STAR）在缝制的弧度上进行了调整。

(4) 1962 年智利世界杯

智利世界杯的比赛用球"克莱克"（CRACK），类似等面积球皮的缝制方式开始有了现代足球的痕迹。

(5) 1966 年英格兰世界杯

1966 年英格兰世界杯的比赛用球名为"史莱辛格挑战"（SLAZENGER CHALLENGE），还有传统的痕迹，自此以后的足球设计更接近现代足球。

(6) 1970 年墨西哥世界杯

1970 年墨西哥世界杯，国际足联首次正式引入比赛专用球概念，并与阿迪达斯（adidas）达成协议，由其负责为整个比赛提供专业足球。由于当时是首次通过卫星对世界杯比赛进行电视转播，这款足球也被命名为"电视之星"（TELSTAR），其以 12 块黑色五边形与 20 块白色六边形皮革手工缝制而成的黑白相间设计也是为了方便电视转播。

(7) 1974 年德国世界杯

1974 年第 10 届世界杯有两种比赛用球，其中一种是上届世界杯的比赛用球"电视之星"，另一种是新设计的名为"智利"（CHILE）的比赛用球。

(8) 1978 年阿根廷世界杯

1978 年阿根廷世界杯比赛用球"探戈"（TANGO）是历届世界杯用球中的经典。在设计上以阿根廷传统探戈为灵感，同时在技术上提升了足球对气候条件的适应能力，为未来足球的设计奠定了基础，这一设计形式使用了近 20 年。

(9) 1982 年西班牙世界杯

西班牙世界杯比赛用球"西班牙探戈"（TANGO ESPANA），主要在技术上有较多改进。由真皮制成的足球的缺点是容易因吸水而导致变重，而这款足球则通过防水、密封缝制等方式来减弱其吸水性，从而控制球体重量的增加，这也是世界杯最后一次使用真皮材质的足球。

(10) 1986 年墨西哥世界杯

由于 1986 年墨西哥经历了大地震，墨西哥政府在废墟上建造了数座体育场。为了表示对墨西哥的敬意，此届世界杯用球被命名为"阿兹特克 (AZTECA)"（阿兹特克文明是墨西哥的古代文明）。比赛用球在外观设计上也融入了墨西哥阿兹特克原住民的建筑和壁画风格。该比赛用球是世界杯历史上第一个用合成皮制造的足球，优点是增强了球的耐久性，并改善了球的吸水性。

(11) 1990 年意大利世界杯

这界世界杯的比赛用球名为"唯一的伊特鲁里亚人"（ETRUSCO UNICO）。伊特鲁里亚文明是意大利中西部的古代文明，为了体现主办国意大利的文化，在足球的设计上融入了伊特鲁里亚狮头的形象。此外，该比赛用球的合成材料进一步改良，第一次在球体内加入了黑色聚氨酯泡沫内层，进一步提高了防水性能，球速再一次得到了提升。

(12) 1994 年美国世界杯

奎斯特拉（QUESTRA）是加泰罗尼亚语，在美语中也有对应的单词——quest，意为探索，因此在球的花纹中有着银河和星空。此外，该比赛用球第一次运用了具有能量回复性能的白色聚氨酯泡沫内层，使得足球触感更柔软，控球更便利，同时球速更快。

(13) 1998 年法国世界杯

这界世界杯的比赛用球名为"三色球"（TRICOLORE）。这是世界杯第一个彩色用球，在色彩上选择法国国旗的蓝色、白色、红色三种颜色，图案为高卢雄鸡。在技术上使用了合成泡沫材料，内部还有弹性气泡，进一步提高了球的耐久性和稳定性。

(14) 2002 年韩日世界杯

2002 年世界杯是中国队第一次进入世界杯决赛圈。该界世界杯的比赛用球名为"飞火流星"（FEVERNOVA）。在该比赛用球的配色中，金色象征主办国赋予世界杯的激情与活力；红色的火焰代表了热情的动力。

(15) 2006 年德国世界杯

"+团队之星"（+TEAMGEIST）代表了世界杯最重要的精神，即团结的力量。该比赛用球第一次改变了原有的 32 块球面表皮的拼接，减少到了 14 块。配合阿迪达斯的无缝压合技术，皮球的圆形程度和表面光滑度表现出了前所未有的卓越性能。

(16) 2010 年南非世界杯

该界世界杯的比赛用球名为"普天同庆"（JABULANI）。该比赛用球多达 11 种颜色。此外，在表皮拼接上从 14 块变为了 8 块，阿迪达斯首次采用球形制模的方法使每一块表皮都实现了三维立体结构，然后以热黏合技术拼接完成，从而使新球较以往更圆，运行更精准。

(17) 2014 年巴西世界杯

该球有三个候选名字，分别是 BRAZUCA、BOSSA NOVA 和 CARNAVALESCA。最后首次由球迷直接参与，确定为"BRAZUCA（桑巴荣耀）"。BRAZUCA 这个词在巴西的足球风格中代表了兴奋、自豪和善意。此外，足球采用了 6 块相同的十字形球面拼块，使足球具有对称性，进一步提升了稳定性。

(18) 2018 年俄罗斯世界杯

该比赛用球的名字是 Telstar 18。这款足球的灵感来自于 1962 年苏联发射的 Telstar 卫星。这颗卫星是世界首颗通信卫星，为了向这颗卫星致敬，2018 年的俄罗斯世界杯以此为比赛用球命名。Telstar 18 很接近完美的球形，它由六块皮用热黏合技术平贴而成，表面有精细的颗粒。Telstar 18 内置了一枚 NFC 芯片，这是世界杯官方比赛用球第一次引入这项技术。

1.3 | 球衣与装备规定

》》上场球员 《《《《《《《《《《《《《《《《《

1 装备

(1) 有袖子的运动上衣

为了更好地区分两队队员，使裁判的判断更清晰，两队队员的球衣，尤其是上衣的颜色，要有明显区别，且规定足球运动员上衣背后与短裤前面须有显著的号码。号码的大小也有标准，一般规定号码高 25 厘米，宽 12 厘米，笔画宽 3 厘米，以方便裁判区分每一位队员。还要注意的是，守门员的服装颜色要与其他队员相区分。

(2) 运动短裤

在正规足球比赛中，任何季节、天气情况下，都要求队员下半身着短裤。这不仅能避免宽松长裤对肢体动作的束缚，同时便于检查与观测球员下肢动作。另外，如果要在短裤内着轻便的紧身裤，选择的颜色要与短裤的主色调一致。

(3) 长筒袜

为了体现足球运动员的统一性，球员在上场比赛时要穿着长筒袜，以便于区分。除此以外，长筒袜还有保护脚踝、吸收汗液、给腿部肌肉赋予紧绷感，以及固定护腿板的重要作用。

(4) 护腿板

在正规比赛中，要求足球队员必须佩戴护腿板，并将其放置在小腿前方迎面骨处，再穿着长筒袜加以固定。护腿板是用来保护小腿的，常见的材质有塑料、橡胶、聚氨酯等。足球运动员对小腿的使用率非常高，而这一部位又极为脆弱，因此，是否佩戴护腿板往往关系到一位足球运动员运动生涯的长短。

(5) 足球鞋

足球鞋是足球运动员在比赛和训练时穿着的鞋子。足球鞋的特殊构造可以让运动员在足球场上运动更灵活。足球鞋有很多分类，不同的比赛会有相应的规定。

(6) 对装备的其他要求

① 护腿板必须由长筒袜全部包住，并且由适当材料制成（塑料、橡胶、聚氨酯或其他类似材料）。
② 守门员的球衣颜色必须有别于其他场上队员和裁判员。
③ 如果在短裤里面穿紧身裤，紧身裤的颜色要与短裤的主要颜色相同。
④ 上场球员不能穿戴危害其他球员的任何物件，如首饰、手表等，不允许用胶带覆盖首饰。

❷ 规定与处罚

(1) 装备不合格

在国际比赛、国际锦标赛、国际俱乐部杯赛及各国俱乐部间的友谊赛中，裁判必须在比赛前检查所有上场队员的装备，严格制止装备不符合国际足联竞赛规则第四章要求的队员上场比赛，直至该队员的装备合乎规定为止。在任何正式比赛的规程中，都要列入此项规定。

(2) 佩戴违禁物品

如裁判发现某位队员佩戴有违反规定的物品，并可能伤害其他队员时，应立即令其摘除。如该队员不服从，则不允许其参加比赛。

(3) 被处罚后再次进场比赛

队员因装备不符合规定而不准参加比赛，或在比赛中被责令离场，如再进场参加比赛，则应在比赛成死球时先向裁判报告，经裁判检查认为符合规定后，方可入场。

(4) 被处罚后不经允许进场

队员因违反装备规则的规定而被停止参加比赛，或在比赛中被责令离场，如未经裁判允许而进场，则应给予警告。如裁判因对该队员给予警告而暂停比赛，则应由对方队员在比赛暂停时球所在地点踢间接任意球恢复比赛。如果在本方球门区内踢任意球，可在其球门区内的任何地点执行；如果在对方球门区内踢任意球，则应在比赛暂停时球所在地点最近的、与球门线平行的球门区线上执行。

≫ 守门员 ≪≪≪≪≪≪≪≪≪≪≪≪≪≪≪≪≪≪≪≪≪≪≪

装备

(1) 护肘

在扑球时手、肘会经常与地面接触摩擦从而导致肘部挫伤，佩戴护肘则可以有效地减轻手、肘受到的伤害。

(2) 护膝

膝部是守门员受伤概率最高的部位，戴上护膝可以有效避免外伤。

(3) 护踝

保护脚踝，避免损伤。

(4) 足球鞋

足球鞋比较细长，并且鞋帮部分一气呵成，没有织网的设计增强了防护性、包裹性及抓地性。足球鞋的鞋底部分通常都有鞋钉：呈纵向分布的鞋钉利于转向以及坡间运动，而呈横向分布则更利于纵向直跑。

(5) 护肩和护腰

有肩伤或腰伤的守门员可以佩戴护肩和护腰。

(6) 面部和头部护具

当守门员面部和头部有创伤时，可以选择佩戴头部护具，同时还可以选择戴帽子以起到遮阳、防止紫外线辐射的作用。

(7) 护裆

大多数职业守门员都不会佩戴护裆，因其会妨碍到动作。

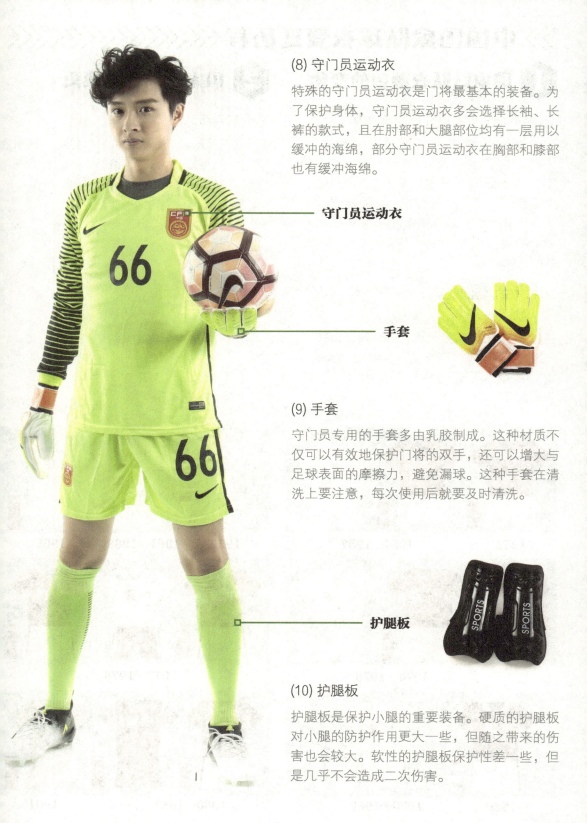

(8) 守门员运动衣

特殊的守门员运动衣是门将最基本的装备。为了保护身体，守门员运动衣多会选择长袖、长裤的款式，且在肘部和大腿部位均有一层用以缓冲的海绵，部分守门员运动衣在胸部和膝部也有缓冲海绵。

守门员运动衣

手套

(9) 手套

守门员专用的手套多由乳胶制成。这种材质不仅可以有效地保护门将的双手，还可以增大与足球表面的摩擦力，避免漏球。这种手套在清洗上要注意，每次使用后就要及时清洗。

护腿板

(10) 护腿板

护腿板是保护小腿的重要装备。硬质的护腿板对小腿的防护作用更大一些，但随之带来的伤害也会较大。软性的护腿板保护性差一些，但是几乎不会造成二次伤害。

》》中国国家队球衣变迁历程 《《《《《《《《《《《《《《

1 国家队队衣颜色的变化

(1) 队衣颜色主要以红色和白色为主

中华人民共和国成立后，红色和白色成为中国国家足球队主场球衣的主色调。其中，从1957年到20世纪70年代中后期使用白色，直到20世纪80年代球衣改为红色。1990年重新选用了白色，至此一直持续到18年后的北京奥运会前。到了2008年，再次使用红色作为主场队服并延续至今。

(2) 队衣的其他颜色

除了经典的红色、白色队服以外，国家队还选用过蓝色调的队服，比如1996年亚洲杯上，中国国家足球队身穿蓝色球衣套装。除此之外，中国国家足球队还曾穿过白袖蓝色球衣、黑色球裤。

2 国家队队衣的变更

队衣款式的变化

自2004年起，中国队队衣的款式变得更加规范，且保持款式两年一换的频率。大多数球迷都习惯按推出的年份将球衣称为04版、06版、08版。

1952　　　1954—1957

1959　　1961—1963　　1965

1974—1976

1977—1978

1980　　1980—1982

1980—1981　　　1981

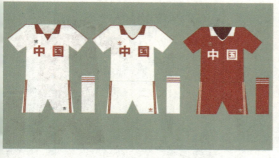

1983　　　　　**1984—1987**

1987—1989

1990　　　　　**1992**

1992—1993　　　　　**1994—1996**

1996　　　　　**1996—1997**

1997

1998　　　　　**1998—2000**

2000—2002

2002—2003

2004—2005

2006—2007

2008—2009

2010—2011

2012—2013

2014

2015

3 中国国家队队衣

(1) 给球迷留下深刻印象的队衣

自 1981 年世界杯外围赛开始，中国国家足球队的比赛高频率出现在大众的视野中。当时使用的是全红肩膀嵌着黑白竖条的球衣。

(2) 第一次进入世界杯的队衣

这套球衣和 2000 年欧锦赛上的罗马尼亚队、斯洛文尼亚队及德国队（绿色客场服）的队衣是同款球衣，同样也是中国队参加 2002 年世界杯预选赛十强赛的球衣，珍贵之处在于国家队历史性地进入了世界杯。

$\dfrac{(1)}{(2)}$

球衣号码的出现

阿森纳传奇教头赫伯特·查普曼发明了球衣号码，但当时未被普遍使用，直到 1928 年 8 月 25 日，阿森纳和切尔西在他们对阵谢周三和斯旺西的比赛中第一次在球衣上面加了号码。
英超联赛在 1993 年规定，各支球队可以向自己的球员分配固定号码。于是，英超成了第一个实施新的号码分配制度的联赛。后来，各大联赛也纷纷效仿。

守门员

❶ 位置、职责

守门员是己方球门前的最后一道防线，也是球队中唯一在罚球区可以用手处理球的球员。守门员的主要任务是守卫球门不让球进入球门。在由守转攻时，用快速、准确的传球组织发动进攻；在争夺罚球区内的高空球时起到第三中卫的作用。位置见右侧图中红色标注。

注：守门员比赛的服装必须与己方球员不同，以便分辨身份。

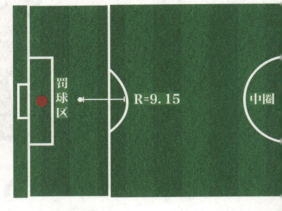

🔲— 守门员位置　　　　　　（单位：米）

❷ 触球规则

(1) 不出禁区

守门员不可在罚球区外用手接球，且只有球在禁区内(包括空中)才可以用手接，否则算犯规。

(2) 出底线

守门员身体完全出底线时，若球还在线内可用手接触球，此时不算犯规。

(3) 不接球

守门员不能用手接本方队员抛出的界外球，也不可用手去接本方队员故意踢出的回传球。

(4) 接漏球

如果前面队员是大脚或低平回传给自己的后卫，由于后卫的失误造成漏球而不是故意漏球的，可以用手接球。

(5) 接回传球

本方队员用大腿以上部位的回传球都可以用手接球。

(6) 不重复拿球

守门员用手接到球后（不论是本方回传还是对方的传球或射门），将球放在地上不可再次拿起，一定要用脚踢出去，否则判禁区内间接任意球。

足坛历史中活动范围最大的守门员

在足坛历史中，有一个"疯子守门员"——伊基塔，这是指他在场上不拘一格的踢法，经常做出一些匪夷所思的扑球动作。在 1995 年美洲杯赛场上，对方有一次吊门，伊基塔没有选择用手扑球，而是来了个"倒踢紫金冠"。

除此之外，身为守门员的伊基塔经常弃门而出，直接带球来到中前场组织进攻，可以说他是足坛历史中活动范围最大的守门员。

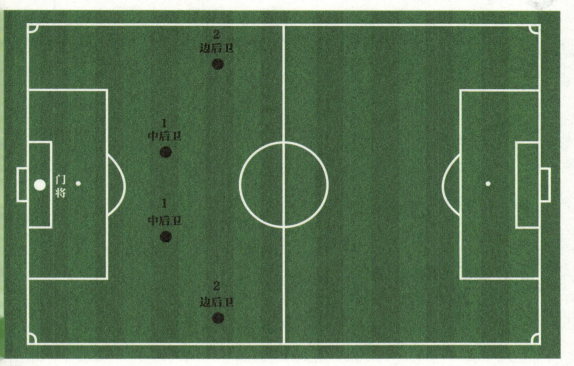

1 后卫的定义

后卫是指在本方后场（现代足球中后卫没有固定的位置，尤其是边后卫经常压过半场）负责防守的球员，可简单分为边后卫和中后卫。

2 边后卫

边后卫是后卫的一种，既要及时阻止对方边锋的突破，又要及时助攻，创造进球机会，所以要求边后卫球员的进攻和防守能力都得非常全面。

如图所示，边后卫主要是在阴影箭头的位置活动（也可以在区域外，根据场上情况随机应变）。但由于边后卫的特点不一样，他们的站位也不尽相同，如果一个边后卫被赋予更多的进攻职能，那么他的位置更接近图中实心圆圈，也就是我们所说的进攻型边后卫。如果一个边后卫更多的任务是防守，那么他的主要职责是防守边翼。

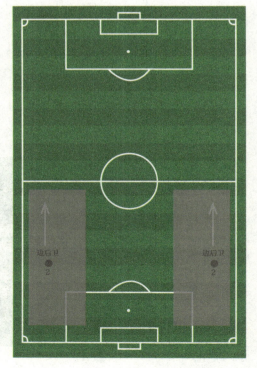

□— 边后卫活动范围

3 不同性质的边后卫

现如今，对于边后卫的要求越来越高，进攻、防守、体能一个都不能少。对于边后卫的分类基本分为进攻型边后卫、防守型边后卫和组织型边后卫。

(1) 进攻型边后卫

特点是强有力的进攻，善于突破、助攻、内切、射门等。代表人物：丹尼尔·阿尔维斯。

(2) 防守型边后卫

以防守为主，代表人物：帕特里特·埃弗拉。

(3) 组织型边后卫

球队进攻组织的发起者之一，比其他的后卫站得更加靠近中线。代表人物：莱顿·拜恩斯。

4 对边后卫的要求

(1) 防守是第一要义。

无论是进攻型边后卫、防守型边后卫还是组织型边后卫，都要以防守作为前提，防守是边后卫的第一要义。

(2) 放外不放内。

顾名思义，就是内线中路不能被突破，外线是可以放的。如果对方从内线中路突破，那么宁可犯规也不能让其继续前行。当然，具体情况得具体分析。

(3) 边后卫在进攻端要灵活，并且要多与队友做配合，如二过一撞墙式等。

清道夫与翼卫

清道夫（Sweeper），比一般后卫具有更多的职能，如把对方的传送清走。他们的位置比其他负责人盯人的后卫更有流动性，所以这个位置亦可称为自由人（Libero，意大利语中指自由）。
翼卫（Wingback），通常被称为边中场或边前卫。他们通常都出现在五中场的阵形当中。此位置的职责与边后卫几乎一样，差别在于此位置主要是为某些特别强调中场控制力的战术而生。

≫后卫中的中后卫 ≪≪≪≪≪≪≪≪≪≪≪≪≪≪≪≪≪≪≪

1 中后卫

中后卫负责镇守中路。在四后卫的阵形中，一般都是双中后卫，一个负责盯人，一个负责协防；在三后卫或者五后卫的阵形中，后防线会出现三中后卫。

中后卫的位置一般出现在图中的阴影部分。当然，在现代足球中，对于中后卫的要求越来越高，不仅要能守地面、防高空，还必须具备组织和进攻的能力。

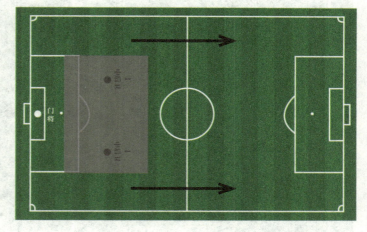

▫── 中后卫活动范围

2 对中后卫的要求

(1) 身体强壮。对于中后卫来说，身体素质是非常重要的，比如身高，在防守高空球中很重要。

(2) 防守意识。对于中后卫来说，具备提前卡位等防守预备能力也很重要。有的中后卫虽然不高，但是卡位很好。

(3) 组织能力。现代足球对中后卫的要求越来越高，不仅要防守，在防守成功后能否直接打出快速反击也是衡量一个中后卫的标准之一。这要求中后卫不仅要有一定的传球能力、广阔视野和迅速出球的能力，而且可以直接发动进攻，带球前移到中场组织进攻。

(4) 定位球的进攻。对中后卫来说只有防守是不够的，还需要具备进攻能力，尤其是定位球的进攻。高大的中后卫有着先天的头球优势，很多进攻能力出色的中后卫都被球迷誉为"带刀侍卫"。

(5) 与后腰的距离。对于中后卫来说，和后腰的配合非常关键，一定要保持适当的距离，既不能太远，又不能太近。太远容易导致中后场脱节，对方在后腰和中后卫之间有着太大的拿球空间，而太近又容易被对方打长传反击。

》》中场 《《《《《《《《《《《《《《《《《《《《《《《《《《《

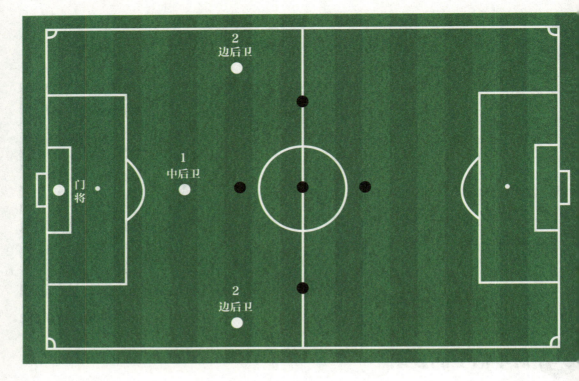

❶ 中场的区域

中场球员主要在球场的中间区域活动,位于后卫和前锋之间,是连接后卫和前锋的纽带。中场球员的数量根据阵形会有不同,如451、442、433、424,分别是五中场、四中场、三中场、二中场。注:以上图片黑点为中场的球员位置。

❷ 组织型中场

组织型中场对于任何一支球队都非常重要,往往是一支球队运转的核心和节拍器,由他来控制本方球队的节奏。组织型中场不但负责组织,而且也要参与防守,且在断球之后能瞬时出球打出反击。同时,根据场面的不同,组织型中场要随机应变,多接应、多配合,整支球队的快慢、起承转合都在他的控制之下。组织型中场也要具有后排插上进攻的能力。

❸ 防守型中场

防守型中场就是足球场上的"蓝领清道夫",脏活累活一肩挑,也叫防守型后腰。不知疲倦地奔跑、及时果断地抢断,提前预备卡位的能力都是防守型中场必须具备的。

当然,也有主教练要求防守型后腰在全场比赛中都要人盯人,相当于象棋中的"对子",对目标球员形影不离。

防守型后腰不意味着只需防守,也要见机地后排插上进攻或者具备远射的能力。

4 B2B 中场

B2B 是 "Box to Box" 的简称，也就是 "禁区到禁区" 的意思，它可以说是现代足球非常需要的全能型中场。他们往往活动范围非常大，满场飞奔。防守、进攻无所不能，传球、射门、拦截样样精通。代表人物：亚亚·图雷。

≫ 中场占位 ≪≪≪≪≪≪≪≪≪≪≪≪≪≪≪≪≪≪≪≪≪≪≪≪

1 后腰

后腰是中前卫的一种，位于中后卫前，是后卫线前的最后一道防线，也称防守中场。他们主要负责防守，然后将球交予队友发动攻势，详见右图中黑色标注 3。

2 前腰

前腰是中场位置的一种，也称 "突前前卫"，位于前锋身后，负责为前锋输送进攻的球，并组织二次进攻。前腰又叫 "组织核心"，是现代足球中传接配合的组织者。在进攻中，前腰拿球后可以选择分给位置更好的前锋，或个人突破。在防守上，前腰是第一道屏障，他们如果回追堵截将有效阻止对手反击，详见右图中黑色标注 4。

对前腰的要求：

(1) 要有很强的控制能力，能拿得住球。

(2) 要有很强的传球能力。

(3) 要有一定的远射能力。

(4) 最关键的是要有掌控比赛的能力，适时地分球、控球、跑动、射门等。

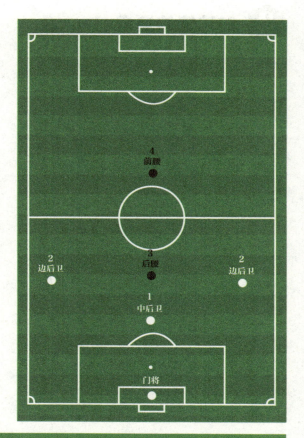

古典型前腰和现代型前腰

古典型前腰：
前腰从 20 世纪 80 年代的橙色军团荷兰队中慢慢涌现出来，而那个时候更多的是古典型前腰，不讲究较高的身体对抗性、速度和防守能力，更看重的是盘带技术、传球精准度。代表人物：鲁伊·科斯塔。

现代型前腰：
随着时代发展，现代足球比赛节奏不断加快，相应地对前腰的要求也有所改变，需要前腰球员具有较高的速度、身体对抗性和防守能力。与古典型前腰相比，现代型前腰节奏更快，更势如破竹。代表人物：里卡多·伊泽克森·多斯·桑托斯·雷特（绰号卡卡）。

≫ 边锋 ◀◀◀◀◀◀◀◀◀◀◀◀◀◀◀◀◀◀◀◀◀◀◀◀◀

1 边锋

边锋主要是在边后卫前方，两个边路活动，如右图中阴影部分。边锋不是只有下底传中一种进攻方式，还需要内切打门、中路接应、与边后卫相互配合等。

2 对边锋的要求

(1) 速度：边锋的速度非常重要，灵活性、爆发力都会决定一个边锋的价值。
(2) 跑动：这个跑动不仅是带球跑动，也指无球跑动。对于边锋来说，带球跑动是最基本的，例如下底传中、内切、与边后卫二过一等。而无球跑动对于边锋来说更重要，因为现代足球要求边锋的活动范围越来越大，也就是边锋更加自由。

边锋活动范围 ━▯

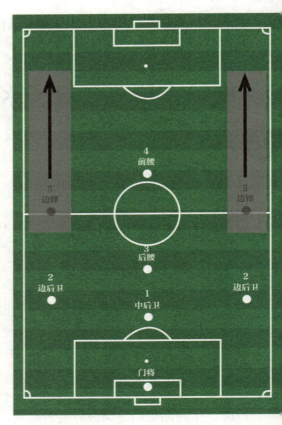

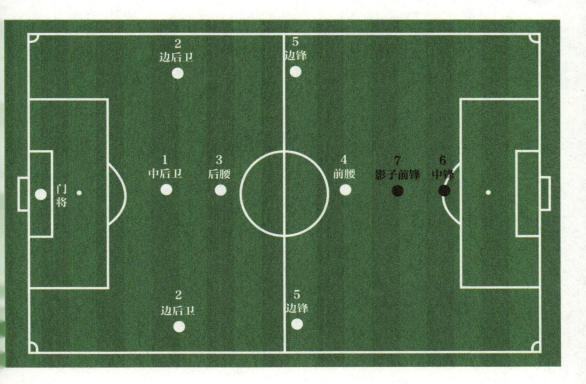

1 中锋

中锋是进攻主要得分手，活动范围主要在前场对方禁区附近。其主要职责是利用熟练的过人技术和突破能力，突破对方的防线，寻找和创造战机，射门得分，或为同伴创造良好的得分机会，详见上图黑色标注 6。

2 影子前锋

影子前锋介于中锋和前腰之间，位置不固定。影子前锋要有扎实的技术，很好的盘带突破能力，详见上图黑色标注 7。

3 对前锋的要求

(1) 有绝佳的洞察力，并可以利用对方防守中的缺点（如盯人不紧、回防不快、保护不当、配合失误等）。
(2) 能准确地知晓场上每名队员的位置，同时掌握带球转身的技术，具有出类拔萃的把握时机、摆脱对方紧盯的技巧。
(3) 有卓越的控球能力和极好的运球能力，善于寻找进攻路线。
(4) 左、右脚均能够准确地射门，头球出色。
(5) 敢于冒险向防守者身后插入。

4 五种性质的射手

(1) 传统型

传统型射手在比赛中大多只负责进球，特点是射门强劲有力，头球功力强。他们更适合担当"单前锋"而不是"双前锋"，因为在场上可以直接威胁对方球门。代表人物：特雷泽盖。

(2) 全能型

全能型射手是全队进攻的核心，特点为脚法好，传球技术好，擅长助攻。大多数的角球和任意球都是由他们发出的。缺点是速度不是强项。代表人物：克洛泽。

(3) 技术型

技术型射手有很好的突破技能，可以熟练、灵活地运用各种方式来破门。最大的优点是在球门前的灵感和对机会的把握能力均很强。代表人物：C罗。

(4) 速度型

速度型射手可以用惊人的速度进行强行突破，同时他们也有很好的射门能力。缺点是体格不够强壮，在激烈的比赛中比较容易受伤。代表人物：欧文。

(5) 隐身型

隐身型射手一般都是边锋或者是影子前锋。他们随时都会冲到禁区，进球机会不比中锋少。他们共同的特点就是，也许不是高效率的射手，但他们往往能够制造全队最兴奋的进攻点。代表人物：卡卡。

著名的影子前锋："神奇的马尾辫"巴乔

罗伯特·巴乔（Roberto Baggio，1967年2月18日—   ），意大利足球运动员。他参加了1990年至1998年三届世界杯，共打进了9个球。他先后效力过佛罗伦萨、尤文图斯、AC米兰、国际米兰4支意大利豪门球队。
罗伯特·巴乔在1990年世界杯上，在国际足联评选的世界杯历史十佳进球中排名第五。"马尾辫"是罗伯特·巴乔的标志之一。他凭借出色的球技在职业生涯中创造出了无数的伟大时刻。
罗伯特·巴乔于1993年获选欧洲与世界双料足球先生，2003年荣获世界金足奖。他是意大利人中第一个由国际足联评选的世界足球先生。

≫ 主裁判 ≪≪≪≪≪≪≪≪≪≪≪≪≪≪≪≪≪≪≪≪≪

1 裁判的由来

在最初的足球运动中，是没有裁判的。有小伙伴可能会问："那怎么判罚犯规呢？"相信很多朋友都有踢野球的经历，在踢野球时很少会有裁判，更多的是大家的自觉和商议，这个球是否犯规，这个球是否算进。因此在最初的足球比赛中，在没有裁判的前提之下，判罚和争议都是由两支球队的队长来讨论的，完全出于球员的职业道德和素养。

随着足球运动在 19 世纪后期越来越受欢迎，有时足球比赛火药味十足，双方队长根本无法协商，辱骂、群殴等情况不断上演。这时候，足球界人士们越来越意识到，在比赛中必须要设置一个法官，且要赋予他一定的权力。于是乎，裁判就这样诞生了。

裁判的诞生

裁判的诞生，还要追溯到 1845 年，在伊顿公学的一场比赛中，第一次设置了仲裁员，这就是主裁判的前身。后来，大家意识到，一个裁判忙不过来，无法准确掌控球场的一切。于是，又增加了一名裁判，但是两名裁判也会出现争论。为了公平起见，1880 年，在足球比赛中又设置了第 3 名裁判。球场内由主裁判来裁定判罚，剩下的两位裁判在场外执法。在这之后，为了预防裁判在比赛中因为一些突发状况无法继续执法比赛，又增加了一名第四官员。到了 21 世纪，2010—2011 赛季的欧洲联盟杯中又增加了两名底线裁判，主要观察球是否越过门线和协助主裁判观察禁区内的犯规情况。

❷ 主裁判的职权与行为准则

(3) (5)

▫ 比赛用球   ▫ 记录工具

(1) 法律的执行者

主裁判就是足球场上的法官，他既有执行法律的义务，也有权利让你保持沉默，所说的一切都可作为赛后报告的呈堂证供。主裁判拥有比赛的解释说明权，保证一场足球比赛公平、合理、有竞争力地进行。

(2) 与助理裁判和第四官员合作控制比赛

主裁判要与助理裁判保持沟通。助理裁判有权表达自己的看法，但最终的决定权在主裁判那里。

(3) 保证比赛用球

(4) 确保运动员装备符合比赛要求

比赛规定运动员应穿戴护腿板以保证他们的安全，同时身着正常的运动球衣、球鞋、球袜。主裁判必须保证球衣的装备是安全的,以确保在比赛进行时,球员不会受到伤病的威胁。

(5) 担任计时员和比赛记录员

主裁判记录比赛是非常重要的。为了能更加清晰地记录比赛，主裁判拥有一张记录卡。记录卡最重要的一个部分就是得分。如果没有记录卡，在巨大的身体和精神压力下，主裁判可能会记错得分，这是非常尴尬的事情。因此认真记录是很有必要的。在通常情况下，足协如果要追加处罚或者警告某位球员，就需要完整的姓名。因此在记录卡中，主裁判也应该确保这方面的信息详尽。这有助于区分比赛中的时间，并且在给足协的报告中也要说明。

(6) 有任何违反规定的行为都可以暂停、停止或终止比赛

(7) 有任何外界干扰都可以暂停或终止比赛

例如，观众失控、球场停电、恶劣天气等，为确保比赛安全，主裁判应该暂停比赛。他有权决定是否重赛,继续比赛,或定格在这个比分。

(8) 确保任何伤口出血的球员经过处理后返回球场

该球员只有接收到主裁判的指令后才能返回球场。国际足联要求主裁判必须确保球员流血的伤口已经包扎好，不会与其他球员有血迹接触，防止传染疾病的可能性。在可行的情况下，当一个球员的伤口得到充分治疗后，主裁判可以让第四官员协助处理。

(9) 对有轻微受伤球员的情况进行处理

如果一个球员只是轻微受伤，可以允许比赛继续，等球出界再进行处理。当然也有例外情况，如果门将受伤，需要立即暂停比赛，或者同一方球队的队友相撞，也应该立即暂停比赛。

如果一个球员出现严重受伤，主裁判应该暂停比赛。当球员下场治疗后，在场边，由第四官员来提醒主裁判，该球员已经恢复，可以重新回到球场。

(10) 对有严重受伤球员的情况进行处理

如果有球员严重受伤，应暂停比赛，必须保证他被移到场外，才能继续比赛。

(11) 当控球方遭到对方犯规时进行处理

当控球方遭到对方犯规时，如果球权仍在控球一方，并且将对控球方的进攻有利，主裁判为了维护比赛的流畅性，一般不会吹犯规。

当出现这样的情况时，主裁判需要伸出两只手臂，并且指向前方，表示"继续比赛，有利！"这样可以帮助球员知道这是有利原则；否则，球员以为主裁判错过了犯规，或许就会对主裁判失去信心。还有一些情况，有利判罚是不可取的，比如一个球员一次非常严重的犯规，应暂停比赛。

(12) 如果一个球员在同一时间出现了多次犯规，应该处以更严厉的判罚

例如，有一名球员阻碍对手进攻，这通常是犯规。但是在主裁判鸣哨之前其又有打击报复的动作，应该更加严厉地判罚该球员。

(13) 给足协提供比赛报告

报告内容应该包括比赛前、比赛中、比赛后球员、教练、随队官员等人的纪律处分和其他事件。

(14) 当主裁判视野、角度受限或者看得不是很清晰时，可以咨询助理裁判的意见

(15) 如果俱乐部工作人员（如教练和随队官员、翻译等）有任何不负责任的行为，主裁判可以酌情决定是否将其驱逐出场

需要指出的是，主裁判拥有对俱乐部工作人员的充分管辖权，如果他们的行为过激，可以采取任何判罚处罚他们。虽然主裁判可以对俱乐部工作人员进行判罚，但是不能使用红牌、黄牌。红牌、黄牌只能对场上球员或者替补球员使用。

(16) 在暂停之后有权利指示比赛继续

必须清晰地示意球员比赛继续进行。不一定要吹哨，可以简单地示意球员继续。如果比赛暂停的时间比较长，最好用吹哨的形式示意比赛继续。

▱   **比赛报告表**

▱   **红牌**   ▱   **比赛继续**

(17) 确保没有未经授权的人进入比赛场地

主裁判拥有让其他人进入比赛场地的权利。这个非常重要，如果一个球员受伤，队医是非常有必要进入场地的，但是诸如教练、替补球员、球迷是没有必要进入球场内的。再比如教练可以在"技术区域"指挥比赛。技术区域就是从替补席两侧向外延伸1米和向前延伸至边线1米用白线圈定的区域，但不可以在其他区域指挥，因为会干扰对手。

比赛报告表

	(13)
(12)	(16)

❸ 主裁判装备

(1) 口哨

主裁判最好有两个口哨。其中一个备用。口哨需要一个挂绳，同时要注意的是不要在跑动中把口哨含在嘴里，避免牙齿受伤。

(2) 红牌、黄牌

红牌、黄牌在比赛中是非常重要的。它们通常由塑料制成，多为矩形。裁判可以把红牌、黄牌放在不同的口袋，以免发生出牌错误的情况。

(3) 手帕

主裁判需要一块手帕供自己使用，同时再备用一块。必须保证它们清洁并且没有被使用过。如遇到一个球员受伤流血，可以用它第一时间保护伤口，直到队医的到来。

(4) 腕表

主裁判需要两块手表，且至少一个应该是秒表。现在有专门的足球比赛裁判手表。注意不要使用电子表和那些开关比较敏感的手表，因为它们放在口袋或挂在脖子上时会出现偏差。

(5) 球衣、短裤

主裁判要确保球衣和短裤干净、整洁，如果有必要，需熨平整。

(6) 球袜、球鞋

在每次比赛之后，球袜必须洗涤。不能接受主裁判球袜不干净。

1. 口哨

2. 红牌、黄牌

3. 手帕

4. 腕表

5. 球衣、短裤

6. 球袜、球鞋

≫ 助理裁判 ≪≪≪≪≪≪≪≪≪≪≪≪≪≪≪≪≪≪≪≪≪≪

1 助理裁判的定义

顾名思义，助理裁判就是主裁判的助理，他的职责是协助主裁判进行判罚。助理裁判也可以称作边裁，因为他们通常位于场地两边。比赛中有两位助理裁判，分别是第一助理裁判和第二助理裁判。

2 助理裁判的职责

(1) 可以判罚处于越位位置的队员。
(2) 在助理裁判附近罚任意球时，可以进场协助主裁判控制好 9.15 米的距离。
(3) 完成主裁判交给的其他任务，如判罚发生在主裁判视野范围以外的不正当行为、隐蔽性犯规或其他暴力事件等。
(4) 帮助第四官员换人，或负责出现伤员后的管理工作。
(5) 当主裁判因故不能工作时，由第一助理裁判代替其执行裁判工作。

▫━ 越位

第一助理裁判和第二助理裁判

第一助理裁判就是在客队替补席面前那条边线上移动的助理裁判，第二助理裁判是站在主队替补席面前那条边线上移动的助理裁判。通常第一助理裁判更接近裁判席，因此资历更老些。

③ 助理裁判的装备

(1) 球衣

裁判员服装应该和场上运动员的有所不同。目前应用较多的是黑色和黄色的裁判服装。裁判必须保证这些装备的整齐、干净。一般的裁判和球员一样，在比赛的时候会带三套服装。第一套是在赛前热身的时候穿的，其余的两套在上、下半场各穿一套。

(2) 红牌、黄牌

红牌、黄牌是对场上队员进行处罚的工具。

(3) 手表

用于记录比赛时间，比赛中裁判一般准备两块手表，有备无患。

(4) 边旗

在一些大型比赛中，助理裁判已经开始使用电子边旗。当助理裁判举旗或有情况需要和主裁判联系时，他们可以按动边旗手柄上的按钮，这时主裁判携带的接收装置就会产生振动，方便其与其他助理裁判和主裁判及时联系。

(5) 笔、记录本

笔和记录本用于记录比赛情况以便赛后报告。

(6) 球袜、球鞋

应选用适合足球比赛场地的球袜、球鞋。

1. 球衣

2. 红牌、黄牌

4. 边旗

3. 手表

5. 笔、记录本

6. 球袜、球鞋

4 助理裁判的旗示

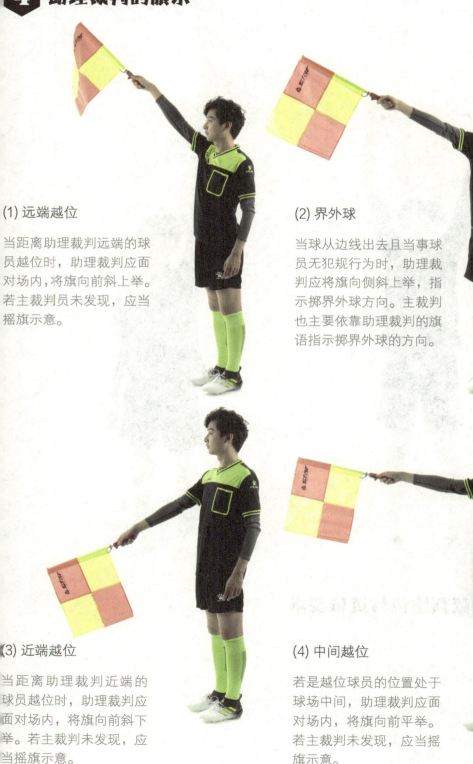

(1) 远端越位

当距离助理裁判远端的球员越位时，助理裁判应面对场内，将旗向前斜上举。若主裁判员未发现，应当摇旗示意。

(2) 界外球

当球从边线出去且当事球员无犯规行为时，助理裁判应将旗向侧斜上举，指示掷界外球方向。主裁判也主要依靠助理裁判的旗语指示掷界外球的方向。

(3) 近端越位

当距离助理裁判近端的球员越位时，助理裁判应面对场内，将旗向前斜下举。若主裁判未发现，应当摇旗示意。

(4) 中间越位

若是越位球员的位置处于球场中间，助理裁判应面对场内，将旗向前平举。若主裁判未发现，应当摇旗示意。

(5) 替换球员

当助理裁判得到某队替换队员的请求后，应待比赛成死球时用双手将旗横举过头，向主裁判提示某队请求换人。

(6) 越位

当球员越位时，助理裁判应将旗向上竖直举起，而后主裁判鸣哨指示方位。

5 助理裁判跑位与选位要求

(1) 速度快

指的是助理裁判在场上的奔跑速度要快。在现代足球比赛中，助理裁判在场上一定要跟上比赛速度。他们应紧跟倒数第 2 个防守队员或突破对方防线的进攻队员所控制的球，所以速度快是必要的，否则一旦落后，对场上越位等情况就难以判断。

除此之外，侧向滑步跑、后退跑速度也要快。比赛中要求助理裁判做到人球兼顾，因此必须根据临场情况快速地左右移动。

(2) 预判强

助理裁判与主裁判都是跟随场上的形势而运动的，如果想要变得主动就要求助理裁判的预判性强。方法是通过观察和丰富的经验来预判球的发展和队员的活动。

要特别说明的是，助理裁判的预见性往往应比主裁判更准确，因为一旦与场上情况不符时，就不能与倒数第2个防守队员保持平行，也就容易出现差错。

(3) 观察范围大

助理裁判的观察范围要大，这样才利于了解双方球员的活动，从而对越位做出正确的判断。除此之外，还能同时与主裁判保持联系，协助他执行规则。

助理裁判的跑动方式

助理裁判的跑动方式可分为：①后退跑；②侧向滑步跑；③向前跑。
在通常情况下，后退跑和侧向滑步跑使用得最多，因为这两种跑法能够获得更大的观察面，利于观察和判断。其中，球在助理裁判左侧方向活动或球与倒数第2个防守队员距离较远时，助理裁判应采用后退跑；球在助理裁判对面方向活动或球与倒数第2个防守队员距离较近时，助理裁判应采用侧向滑步跑；当队员快速推进突破对方防线时，助理裁判应采用向前跑。

≫ 第四官员 ≪

1 第四官员的定义

在足球比赛中，有四名裁判：主裁判、两名边裁和一名第四官员。第四官员由竞赛规程指派，在其他三名比赛裁判中的任何一名不能担任执法工作时上场替补。
在比赛开始前，组委会一定要明确在主裁判不能继续担任临场工作的情况下，应由第四官员担任比赛的主裁判，还是由第一助理裁判担任主裁判，而第四官员担任助理裁判。

2 对第四官员的工作要求

(1) 严肃认真

在执行任务前认真学习规程及有关要求，熟悉工作内容。应参加赛前主教练、裁判联席会议和针对裁判召开的准备会，明确协助、配合的方法与要求。在执行任务过程中，应严格按照竞赛规程和纪律规定执行工作。

(2) 眼勤脚快

在执行任务中，要勤观察场内外的情况，一旦发现问题，快速解决。

(3) 注意工作方法

在赛场管理工作中，既要达到按有关规定进行管理的目的，又要避免与管理对象发生矛盾和冲突。

3 第四官员的工作职责

(1) 执行比赛的有关规定

学习并熟知"有关规定"，具体是指竞赛规程、裁判委员会及主办机构对比赛的有关规定和要求。

(2) 准备替补上场执法

比赛前应将自己的裁判服装、鞋袜及执法用品准备齐全。在裁判不能继续担任临场工作的情况下，按照赛前组委会的规定，及时上场担任比赛的裁判工作。

(3) 根据裁判的要求负责赛场的管理工作

在裁判的要求下，第四官员一般应做到：
① 未经裁判同意，确保场外任何人不能进入比赛场地（包括受伤队员重新入场）；
② 阻止向场内投递饮料或其他物品；
③ 令替补席位上多余人员离场；
④ 制止教练员或其他人员在技术区内干扰比赛；
⑤ 禁止替补队员在边线外热身或用球活动，且在其他区域热身也不得穿正式比赛服装；
⑥ 禁止摄影记者离开规定区域随意走动，或违反夜间使用闪光灯的规定；
⑦ 对其他干扰、影响比赛的情况进行管理。

(4) 公布比赛应补足的时间

通常，在每半场进行到 44 分钟时，主裁判会用信号告诉第四官员应补时的时间，而第四官员则根据主裁判的决定，将延长的时间用换人牌向比赛队及观众公布。

(5) 负责比赛备用球的保管

管理好比赛的备用球，注意在赛前要对球的气压进行检查。比赛中当主裁判认为需要使用备用球时，应及时提供，在赛后应负责将球归还主办机构。

(6) 协助裁判执行工作

积极协助裁判做好其他工作，如比赛前协助检查比赛场地；提前 60 分钟收取比赛双方队员名单并核对上场队员名单；检查上场队员装备是否符合规定和要求。在比赛中，协助记录替补队员、进球队员、被警告或被罚出场队员的号码和时间，以及场上发生的其他重大事件等。在比赛后，协助校对记录内容及处理其他善后工作。

(7) 报告比赛有关的情况

在比赛结束后，应向有关机构提交主裁判和助理裁判没有看到的任何不正当行为或其他事故的报告，且必须在赛后总结时对主裁判和助理裁判的报告提出建议。

(8) 负责比赛中队员的替换工作

当第四官员接到比赛队要求替换队员的名单后，应按下列程序完成替换工作：
① 审查上场队员是否为赛前列入替补名单中的队员，替补手续是否合乎要求；
② 检查替补队员的装备是否符合规定；
③ 待比赛成死球时，用规定信号向裁判提示；
④ 经裁判同意，场上被替换下场的队员从中线处离场后，再允许替补队员进场；
⑤ 记录替换队员的号码、替换时间。

▪ 替换

常规时间

1 上下半场

比赛分为两个半场，每个半场 45 分钟。特殊情况经裁判和双方同意除外。任何改变比赛时间的协议（如因光线不足每个半场减少到 40 分钟）都必须在比赛开始之前制定，并符合竞赛规程。

2 中场休息

队员有中场休息的权利。这里的中场休息不得超过 15 分钟，而在竞赛规程中必须阐明中场休息的时间。除此之外，只有经裁判同意方可改变中场休息时间。

3 扣损时间

扣损时间主要有：(1) 替换队员的时间；(2) 队员受伤的时间；(3) 将队员移出赛场治疗的时间；(4) 拖延时间；(5) 罚点球的时间。

补时

1 补时的定义

通常足球比赛结束后都有伤停时间，而时间也不一定，计算方式由主裁判计算，通常是有球员受伤、换人等补时 30 秒（也可以视情况而定）。

2 补时的规定

主裁判可以根据比赛的实际情况适当增加一些比赛的时间，从而达到正常比赛质量的要求。在国际足球的普遍规律下，补时普遍都在 1 ~ 5 分钟。

主裁判应在半场比赛快结束的前 2 ~ 3 分钟通知第四官员应补时的时间，第四官员在比赛的第 44 ~ 45 分钟用显示牌将补时的时间告诉观众、队员和教练。

伤停补时的出现

当比赛中出现了非真正比赛的中断时，应该保持不停表直到比赛结束，但是这样就会产生一些问题：如果在比赛当中经常出现一些非比赛性的停顿就会大幅度缩短比赛的时间，从而降低了比赛的观赏程度；在足球比赛进行中，如果一方在比赛中处于领先的地位，就会想方设法拖延比赛的时间，比如，如果被判犯规就会长时间地倒在地上，严重影响了比赛的观赏性。在这种情况下，国际足联增加了"伤停补时"的规定。

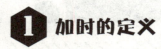

加时

❶ 加时的定义

加时是指必须分出胜负的比赛比较焦灼，且在常规时间无法分出胜负时增加的比赛时间。

❷ 加时的规定

足球加时赛的时长是 30 分钟。国际足联规定，现在所有正式比赛的加时赛，无论是否有进球，均须踢满 30 分钟，上、下半场各 15 分钟，且没有伤停补时的时间。
中间在原则上没有休息时间，但一般裁判都会给几分钟让球员接受按摩或喝水，然后交换场地进行下半场。如果 30 分钟后还没有分出胜负，则直接进行点球大战。

加时赛金银球制度

加时赛有金球制、银球制之说。
金球制就是在加时赛中只要有进球，比赛就结束，进球一方获胜。
银球制是在加时赛中若是上半场有一方进球领先，不打加时赛的下半场，领先一方获胜。如果双方上半场都没有进球，则继续进行下半场，直到比赛结束。若下半场有进球领先，则领先一方获胜。若双方打平，则进入点球大战。
2004 年 2 月 28 日，国际足联宣布，金球制和银球制都被取消，区分比赛胜负回归传统做法。

经典加时赛

1990 年世界杯半决赛：联邦德国点球淘汰英格兰

联邦德国和英格兰的比赛是这届世界杯赛中美好的回忆之一。两队一直处于畅快淋漓的高速攻防中，一扫这届世界杯赛沉闷的气氛。在 90 分钟内双方 1：1 不分上下。在加时赛中双方都错过了一些机会，最后只能以点球决胜。顺利的英格兰队在第四轮却失手了。皮尔斯败在了伊尔格纳手中。落后的英格兰队寄希望于第五名球员，但紧张过度的瓦德尔却断送了英格兰队的前程。赛后，加斯科因流下了率真的泪水，成为足球史上经典的一幕。

第 2 章

足球比赛规则

》 越位的定义 《

越位是指进攻方持球者在起脚传球时，进攻方接球者的位置越过了防守方的倒数第2个球员（包括守门员）。在进攻方传球球员起脚的瞬间，接球球员比倒数第2个防守球员距离球门更近，同时也比球距离球门更近，并试图借此位置进球，就会被判罚越位。另外，需要注意的是，角球和界外球并不算越位。如图在1向2传球起脚时，2的位置不能越过红线。

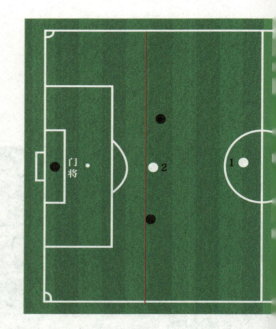

- ▫— 白点 1 为持球人员
- ▫— 白点 2 为接球人员
- ▫— 黑点为防守人员
- ▫— 红线为越位线

》 越位规则 《

❶ 越位规则的历史演变

(1) 1925 年规则修改

1925 年规则改为"两名防守队员"，导致足球进球数立即上升。1924 年到 1925 年间，足球联盟比赛中共有 4700 个进球，而在实施本规则后，从 1925 年到 1926 年进球数上升到 6373 个（比赛场次不变）。

(2) 1990 年规则修正

1990 年规则修正为允许进攻方球员可以与倒数第 2 个防守方球员位于同一条线上。

(3) 2003 年规则修正

2003 年，国际足联提出了比以往更严格的判断越位违例的修正。在这项修正中，如果得球的队员并不处于越位位置，即使同一时刻有一个没有实际影响比赛的队友处于越位位置，也不会被判罚。

(4) 2013 年规则修改

2013 年 6 月，国际足联修订后的越位规则第1362 款——"干扰对手指的是通过明显阻挡对方视线或与对方争抢皮球来阻碍其踢球或阻止其触球"。而之前，这一条款的解释则是："干扰对手指的是通过阻挡其视线来阻碍对方踢球或者阻挡其触球"。根据国际足联重新修订的规则，如果裁判认为站位靠前的球员做的动作不是特别明显地干扰对手，那名球员就不会被判违规。

2 越位规则详解

(1) 如果同队队员回传球或平行传球（即球与接球人平行，距对方球门线距离相等），接球人不算越位。

(2) 传球时，如果接球队员不处在越位位置，而是当踢出的球在空中或在接球时跑到越位位置，不得判罚越位。相反，队员在同队队员传球时处于越位位置，即使最后又跑回非越位位置接球，也应判罚越位。

(3) 如果防守方队员故意退出场外造成进攻方队员越位，裁判员不判进攻方队员越位，应在成死球时对防守方队员予以警告。

(4) 当进攻队员所站位置与防守方倒数第2个队员平行时，不算越位。

(5) 若进攻球员处于越位位置，但没有获得有利条件或者影响比赛，不应判罚。同时，如果防守队员意外冲出底线而裁判没有鸣哨，此时传球也不存在越位。

(6) 后触球或者踢球队员为对方球员，接球队员即使处于越位位置也不算越位。

(7) 队员进攻时，由于前冲使身体越过了球门线（跑入网内），裁判应视该队员是否影响了守门员来决定是否判罚越位。

(8) 如果进攻时有两个或多个进攻球员直接面对守门员，而所有防守球员皆被甩在身后，当球与接球队员平行或在接球队员前面时，不判罚越位；当球在接球队员身后时，则判罚越位。

(9) 将球与球门线、队员与球门线、对方最后第2个队员与球门线这三个距离做对比，如果队员的位置更接近于对方球门线，可以依据第8条理解：当防守方少于两个球员时，在进攻方传球的一瞬间，如果球与进攻方接球队员平行或在接球队员前面，则不判罚越位；如果球在进攻方接球队员身后，则判罚越位。

3 越位判罚

越位违例的判罚是判对方球队间接任意球，罚球时的罚球点就是违例发生的位置。

4 越位执行

判断越位的方法：

(1) 传球一瞬间，疑似越位球员比倒数第2个防守球员（包括守门员）距离球门更近。

(2) 传球一瞬间，疑似越位球员比球距离球门更近。

(3) 疑似越位球员参与了本次进攻（此项由裁判把握）。

5 不属于越位

(1) 在投掷边线球的时候，进攻队员接球时处于防守方倒数第2个防守队员（包括守门员）前面不算越位。

(2) 当除守门员以外的所有进攻队员位于防守方半场进攻时，防守队员在本方半场发动反击，反击队员在本方半场处于进攻方倒数第2个防守队员的前面，不算越位。

(3) 当防守方的倒数第2个防守队员（包括守门员），没有得到裁判的允许而离开足球场（只要待在边线外面），进攻方进球不算越位。

犯规的定义

犯规是指违反各种规则章程的行为。在足球比赛这种激烈的比赛中，规则自然比较重要，下面就是足球比赛中犯规后如何判罚的规则。

(1) 手球

手球犯规，指的是除守门员外的球员在踢球时用肩部以下的整个手臂触球，但是当被动"手球"的时候不判其犯规。

(2) 越位

在进攻方传球球员起脚的瞬间，接球球员比倒数第2个防守球员距离球门更近，同时也比球距离球门更近，并试图借此位置进球或干扰比赛，判罚越位。

(3) 铲球犯规

背后铲球是足球比赛中最严重的犯规。评定是否犯规要看防守球员是否铲到球或是否有铲球的意识。

(4) 拉扯球员

当发生拉扯球员时，若防守球员对进攻球员的威胁不大或正处于对进攻方有利的情况下，不判犯规。

(5) 阻挡

当进攻球员在对进攻方有利的情况下过人，球过了，但防守球员用身体或其他方式导致进攻球员无法进攻，则防守队员被判阻挡。一般只有恶意依靠身形的差距有目的地阻挡才会被判罚。

手球

拉扯队员

越位

阻挡

(1) | (4)
(2) | (5)

(6) 抬脚过高

指的是球员在半空中用脚接球，但抬脚的高度超过他的胸部或肩部。

(7) 动作过大

动作不能对其他球员造成伤害。

(8) 冲撞守门员

当球在空中且守门员和进攻球员同时争球的时候，进攻球员不能用身体冲撞守门员。

(9) 掷界外球犯规

发界外球要双手护球过头顶，在球不低于额头时把球抛出去，要注意的是双脚不可离地。

(10) 拖延时间

比分领先一方的守门员迟迟不发球。

(11) 吹哨

指进攻犯规，裁判吹哨而该球员不理会继续进攻。

(12) 质疑或辱骂裁判

对裁判有恶意的辱骂或不服从判罚的行为。

抬脚过高　　　　　动作过大

(6) (7)
(9) (11)　　掷界外球犯规　　　　　吹哨

>>> 红牌与黄牌 <<<<<<<<<<<<<<<<<<<<<<<<<<

1 红牌、黄牌的由来

在红牌、黄牌还没有出现前，裁判对队员进行警告只能用语言或手势来表示。由于语言和手势不统一，尤其在国际足球比赛中，容易产生误解和矛盾。为此国际足联裁判委员会决定，在 1970 年墨西哥举行的第 9 届世界杯足球赛中使用红牌、黄牌。在该届比赛结束后，红牌、黄牌正式被用来表示对运动员的警告和罚出场，并被普遍使用。

我国是从 1974 年起，在足球比赛中使用红牌、黄牌的，并一直沿用至今。

□─ 警示牌

2 红牌、黄牌的历史

(1) 发明者肯·阿斯顿

发明红牌和黄牌的是英国国家足球队裁判肯·阿斯顿。

阿斯顿 1915 年生于英国埃塞克斯郡的科尔切斯特。1949 年他成为巡边员。在主裁了 1963 年的足总杯赛决赛后不再执法国内比赛。

(2) 红牌、黄牌的起源

红牌与黄牌的起源还与英格兰队和阿根廷队有着密切的关系。在 1966 年世界杯赛英格兰队与阿根廷队的四分之一决赛中，由于当时还没有使用红牌、黄牌制度，比赛混乱，阿斯顿受红绿灯的启发发明了警示牌。

3 红牌、黄牌的定义

(1) 红牌

在一场足球比赛中，当球员在比赛中严重犯规，裁判会举起红牌，下令该球员离场。此外，如果该球员本场比赛已经领到一张黄牌，在后来的比赛中又因为犯规领到一张黄牌，此时裁判会按照"两张黄牌等于一张红牌"的规定将其罚出场。第一种情况俗称"直接红牌罚下"，第二种情况俗称"两黄等于一红下场"。在此情况下，球队也不能用预备球员补上，必须在缺人的情况下继续进行比赛。

(2) 黄牌

在足球比赛中，当球员犯规，裁判会对犯规球员出示黄牌警告。在传统上，裁判会将球员的犯规详情记录在随身的记事簿内，因此警告也被称为记名。

领取黄牌的球员仍可继续比赛，但当受到第 2 次警告时便会被逐离场，按程序裁判会先出示第 2 张黄牌，再出示红牌，领取两张黄牌后球员将不能继续参加余下的比赛。

4 红牌、黄牌犯规

(1) 出示黄牌的犯规

裁判认为队员出现下列情况时，应出示黄牌：

① 比赛开始后队员进场或重新进场加入比赛又或在比赛进行中离场（意外事故除外），不论哪一种情况，事先未经裁判示意允许者。

② 如果裁判员暂停比赛执行警告，则由对方在暂停比赛时球的所在地点踢间接任意球恢复比赛。

③ 如犯规队员另有更严重的犯规情节，则应按规则的有关规定判罚。

④ 队员连续违反规则。

⑤ 用言语或行动对裁判的判决表示不满者。

⑥ 有不正当行为者。

(2) 出示红牌的犯规

裁判认为队员出现下列情况时，应出示红牌并罚令其出场：

① 有暴力行为。

② 严重犯规。

③ 用污言秽语或进行辱骂。

④ 经黄牌警告后，因犯规又被给予第 2 次黄牌警告。

▫— 判罚黄牌

▫— 判罚红牌

球门球的定义

球门球是足球比赛中重新开始比赛的一种方法。球门球一般由守门员开出，或由防守方球员在球门区（右图中红色阴影部分）直接向球场中踢出。球门球可以直接射入对方球门得分。

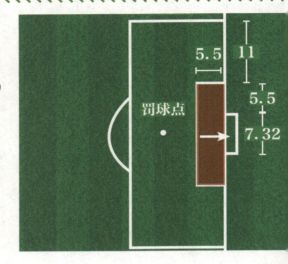

5.5 11

5.5

罚球点

7.32

球门球 ▫━━

球门球判罚与细规

① 球门球的判罚

(1) 如果球未被直接踢出罚球区进入比赛场地：

应重踢

(2) 由除守门员外的队员踢球门球：

① 如果比赛进行后，踢球队员在其他队员触球前再次触球（用手除外），应由对方在犯规发生地点踢间接任意球。

② 如果比赛进行后，踢球队员在其他队员触球前故意用手触球，应由对方在犯规发生地点踢直接任意球。注意：如果犯规发生地点在踢球队员本方罚球区内，则判罚球点球。

(3) 由守门员踢球门球：

① 如果比赛进行后，守门员在其他队员触球前再次触球（用手除外），应由对方在犯规发生地点踢间接任意球。

② 如果比赛进行后，守门员在其他队员触球前故意用手触球，若犯规发生地点在守门员本方罚球区外，则由对方在犯规发生地点踢直接任意球。若犯规发生地点在守门员本方罚球区内，则由对方在犯规发生地点踢间接任意球。

(4) 对于任何其他违反此规则的：

应重踢

② 球门球的规则

(1) 由防守方球队的任意一个球员在球门区内任何一点踢球门球。
(2) 对方球员在罚球区外，直到球进入比赛中。
(3) 罚球球员不可第 2 次触球，直到球已经触及另一个球员。
(4) 当球被直接掷出罚球区，球即进入比赛中。

③ 球门球的注意事项

(1) 如果进攻方球员将球踢到越出对方球门界，应判球门球。
(2) 球门球应由防守方球员在球门区直接向足球场中踢出。
(3) 皮球必须踢出罚球区，直接向足球场踢出，而对方球员在球门球踢出之前，必须站离罚球区，否则必须重踢。
(4) 球门球可以直接射门得分，直接接到球门球的球员不算越位。
(5) 球门球直接得分只限于非罚球方。

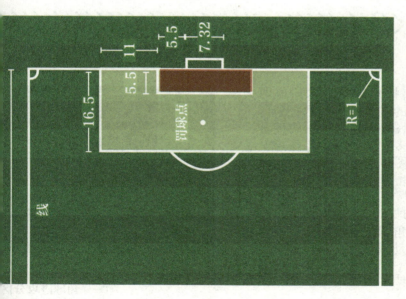

（单位：米）

▫— 红色区为球门区

▫— 绿色透明区为罚球区

球门球代表球员：德赫亚

曼联的德赫亚发球门球的传球准确性是非常高的，而且踢的距离也非常远。在比赛中，德赫亚经常一个大脚找到前场费莱尼，后者在摆渡之后创造进球良机。

球门球代表球员：贝兰万德

1992 年出生的伊朗守门员贝兰万德，手抛球距离长达 60 米。

》》 角球 《《《《《《《《《《《《《《《《《《《《《《《《《《《《《

角球的规则

角球是足球比赛中死球后重新开始比赛的一种方法。角球可以直接射入对方球门而得分。踢角球要注意以下事项：

(1) 将球放在离球出界处最近的角旗杆的角球弧内。

(2) 不得移动角旗杆。

(3) 对方应在距球 9.15 米（10 码）以外，直至比赛进行。

(4) 由进攻方队员踢球。

(5) 当球被踢出并移动时比赛即为进行。

(6) 踢球队员在其他队员触球前不得再次触球。

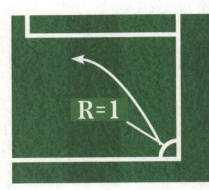

角球

》》 角球攻防 《《《《《《《《《《《《《《《《《《《《《《《《《《《

角球进攻分区

角球的进攻一般分为直接角球和战术角球两大类。要注意，几乎所有的进攻和射门都在禁区，即图中的 A 区域展开；图中的禁区外围地带 B 区域是后插上和抢第 2 点多发的区域，要注意对手的反击也多在此发生；图中禁区两侧的 C 区域是在对手重点布防门前时留下的大片空当，由于角度和位置的问题，C 区域往往只是角球进攻的衔接和过渡地带，战术角球常常在这里发生；图中外围广阔的绿色部分，角球在开出之后，双方随即也在该区域进入了运动战状态。进攻方在 A、B、C 区域进攻受阻之后，就要把球回传到后方，组织二次进攻。详见右图。

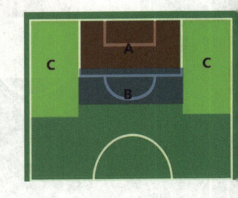

角球进攻分区

》》 直接任意球 《《《《《《《《《《《《《《《《《《《《《

❶ 直接任意球的定义

直接任意球，是裁判根据足球场上出现的相应情况所做出的一种判罚。直接任意球也称"一脚球"，是足球比赛的一种罚球方式。当一方队员故意违反足球运动规则的有关条款时，即被判罚直接任意球，具体由对方主罚队员在犯规地点进行处理：可以选择射门，也可以进行传球等战术配合。

❷ 对直接任意球的要求

(1) 球员位置

在罚球区内属于防守方的直接任意球：

① 所有对方队员都应距球至少 9.15 米 (10 码)。

② 所有对方队员都应站在罚球区外直到比赛进行。

③ 当球被直接踢出罚球区，比赛即为进行。

④ 可以在球门区内任何一点踢任意球。

在罚球区外的直接任意球：

① 所有对方队员都应距球至少 9.15 米 (10 码) 直到比赛进行。

② 当球被踢出并移动时比赛即为进行。

③ 在犯规发生地点踢任意球。

(2) 罚球位置

① 防守方在本方球门区内踢任意球时，可以在球门区内的任何地点执行。

② 凡进攻方在对方球门区内踢直接任意球时，应在距犯规地点最近的、与球门线平行的球门区线上执行。

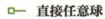

□—— 直接任意球

❸ 直接任意球的判罚规则

如果队员草率地、鲁莽地使用过分的力量违反下列十种犯规中的任何一种，都将判给对方踢直接任意球：

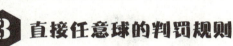

(1) 踢或企图踢对方队员。

(2) 绊摔或企图绊摔对方队员。

(3) 跳向对方队员。

(4) 冲撞对方队员。

(5) 打或企图打对方队员。

(6) 推对方队员。

(7) 为了得到对球的控制而抢截对方队员时，于触球前触及对方队员。

(8) 拉扯对方队员。

(9) 向对方队员吐唾沫。

(10) 故意手球。

判罚规则

(1) 在犯规发生地点直接任意球。

(2) 如果直接任意球直接踢入对方球门，判为得分。

(3) 如果直接任意球直接踢入本方球门，判给对方踢角球。

(4) 禁区内的直接任意球为罚球点球。

≫ 间接任意球 ≪≪≪≪≪≪≪≪≪≪≪≪≪≪≪≪

1 间接任意球的定义

间接任意球是在足球比赛中因某些原因（如对方越位）中断后恢复比赛的一种方式。与直接任意球的不同之处在于，发球方如果直接将球踢入对方球门不能算作得分。

2 对间接任意球的要求

(1) 球员位置

在罚球区内属于进攻方的间接任意球：

① 所有对方队员都应距球至少9.15米（10码）直到比赛进行，除非他们已站在本方球门柱之间的球门线上。

② 当球被踢出并移动时比赛即为进行。

③ 在对方球门区内踢间接任意球时，应在距犯规发生地点最近的、与球门线平行的球门区线上执行。

在罚球区外的间接任意球：

① 所有对方队员都应距球至少9.15米（10码）直到比赛进行。

② 当球被踢出并移动时比赛即为进行。

③ 在犯规发生地点踢任意球。

(2) 罚球位置

① 防守方在本方球门区内踢任意球时，可以在球门区内的任何地点执行。

② 在最近的、与球门线平行的球门区线上执行。

3 间接任意球的判罚规则

如果队员违反下列九种犯规中的任何一种，都将判给对方踢间接任意球：

(1) 用手控制球后在发出球之前持球超过6秒。

(2) 在发出球之后未经其他队员触及，再次用手触球。

(3) 用手触及同队队员故意踢来的球。

(4) 用手触及同队队员直接掷入的界外球。

(5) 动作具有危险性。

(6) 阻挡对方队员。

(7) 阻挡对方守门员从其手中发球。

(8) 违反规则有犯规与不正当行为以及未提及的任何其他犯规，而停止比赛被警告或罚令出场。

(9) 在犯规发生地点踢间接任意球。

□— 间接任意球

2.5 | 罚球点球与界外球

》》 罚球点球 《《《《《《《《《《《《《《《《《《《《《《《《

1 罚球点球的定义

🔲— 点球

当比赛进行中，一队在本方罚球区内违反了可判为直接任意球的十种犯规之一，被判罚任意球，应执行罚球点球。罚球点球可以直接进球得分。

2 罚球点球的规则

(1) 主罚队员在踢罚球点球时违反竞赛规则：裁判未允许踢出该球点球

① 如果球进入球门，应重新踢。
② 如果球未进入球门，不应重新踢。

(2) 守门员违反竞赛规则：裁判允许踢出该球点球

① 如果球进入球门，得分有效。
② 如果球未进入球门，应重新踢。

(3) 主罚队员的同队队员进入罚球区，或在罚球点前，或距罚球点少于 9.15 米 (10 码)：裁判允许踢出该球点球

① 如果球进入球门，应重新踢。
② 如果球未进入球门，不应重新踢。
③ 如果该队队员触及了从横梁或球门柱弹回的球，裁判将停止比赛，由防守方以间接任意球重新开始比赛。

(4) 守门员的同队队员进入罚球区，或在罚球点前，或距罚球点少于 9.15 米 (10 码)：裁判允许踢出该球点球

① 如果球进入球门，得分有效。
② 如果球未进入球门，应重新踢。

(5) 攻、守双方队员都违反竞赛规则：如果球点球踢出之后

① 主罚队员在其他队员触球前再次触球 (用手除外)——由对方在犯规发生地点踢间接任意球。
② 主罚队员在其他队员触球前故意用手触球——由对方在犯规发生地点踢直接任意球。
③ 球被外来因素触及而影响其向前移动——应重踢。
④ 球从守门员、横梁或球门柱弹回比赛场地内，接着又被外来因素触及——裁判员应叫停比赛，在被外来因素触及的地点坠球重新开始比赛。

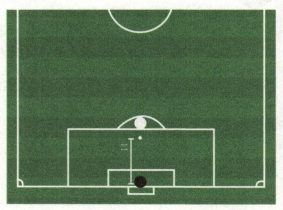

（单位：米）

3 点球大战程序

(1) 比赛前双方提交罚球名单，按照名单顺序进行，前5轮是比较总进球数，5轮之后将继续按照名单顺序进行，但变为1球决胜制，即一旦一方罚进点球而另一方罚失，那么罚进点球的一方就胜利，不必再进行接下来的罚球。

(2)10轮之后仍按照名单进行轮回，即从名单第1个队员重新开始进行，仍是1球决胜制。

(3) 人数多的一方需派出和人数少的一方相同的人数进行罚球，即假如一方因被罚下1人只有10人，那么人数多的一方也只能上10人进行点球大战，但其中必须包含一名守门员。

(4)如果队员进球后被罚下,那么点球有效。如果球还没有被裁判判定进球，罚球手就被罚下，则算为罚丢。

(5) 主罚队员向前踢出球点球。

(6) 在其他队员触球前主罚队员不得再次触球。

(7) 当球被踢出并向前移动时比赛即为进行。

(8) 在比赛进行当中以及在上半场或全部比赛结束而延长时间执行或重新执行罚球点球时，如果球在越过球门柱间和横梁之前遇到下列情况，应判定得分：该球触及任何一个或连续触及两个球门柱、横梁、守门员。

》》 界外球 《《《《《《《《《《《《《《《《《《《《《《《《《《《

1 界外球的定义

界外球，顾名思义就是出了赛场边界的球。不同的球类运动对界外球有不同的规则。在足球和篮球比赛中，球出界造成死球，需要掷界外球重新开始比赛。

掷球由最后一个触碰球的对手来掷出。

2 界外球的判罚

▫— 掷界外球

(1) 在比赛进行中，当球的整体从地面或空中越过边线时即为球出界。此后，应由出界前最后触球的对方队员在球出界处（边线外）1米范围内，将球掷向场内任何方向。

(2) 在掷球时，两脚可平行站立或前后站立，任何一只脚的部分都可以踏在边线上或边线外，但是只要有一只脚越过边线踏在场内，或者踏在线上的脚提起脚跟，致使脚尖踏在场内均属犯规行为。

(3) 在掷球前，可以附加助跑。在掷球时，允许脚在地上滑动，但任何一只脚都不得全部离地。

(4) 掷界外球的方法是：双手持球置于头的后方，面向场内，平均用力，从头后经头上用一个完整的连贯动作将球掷入场内。

(5) 在掷界外球时，常见的犯规有以下几种：

① 未在球出界处掷球。

② 单脚或双脚越过边线踏在场内。

③ 单脚或双脚在球掷出前离开地面。

④ 球未从头后经头上掷入场内。

⑤ 在掷球时，有明显的停顿。

⑥ 在掷球时，双手用力明显不均，一只手扶球，另一只手发力掷球。

凡是未按规定的方法将球掷入场内，均应由对方队员在原出界处掷界外球。

(6) 在掷界外球时，队员以合法的动作故意掷击处于场内的对方队员，属犯规行为，应由对方在犯规接触点罚直接任意球。若以不合法的动作故意掷击处于场内的对方队员，亦属犯规行为，应由对方在原出界处掷界外球。凡故意用球掷击对方，都应按有关规定对犯规队员予以警告或罚令出场。

(7) 在掷界外球时，队员不慎致使球脱手落于场外，可以重掷。队员以合法的动作将球掷入场内（包括球落于边线上），比赛即为恢复。若球先触场外又弹入场内或未入场内，均应重掷。若球从空中进入场内又直接被大风吹出场外，或球进场后因场地不平而直接弹出场外，均应由对方在球出界处掷界外球。

(8) 当队员掷球入场比赛恢复后，未经其他队员触及而再次触球，为连踢犯规。若故意用手触球，则应判罚手球犯规。

(9) 掷界外球不能直接进球得分。如直接掷入对方球门，由对方踢球门球；如直接掷入本方球门，由对方踢角球。在球掷出比赛恢复后，经其他队员触及而进入球门，只要当时没有犯规行为，就应判进球有效。

(10) 防守队员不允许站在掷球队员身前进行干扰，否则应视为不良体育道德行为，应被警告。

其他注意事项：

(1) 在掷任意球的时候球不慎掉落于场外，或者用合法动作投掷，但是球的第一落点在界外，均可以重掷。

(2) 掷界外球不能直接得分，但只要有人碰触，无论是进己方球门还是对方球门，就都算进球有效。

(3) 防守队员不能在掷球者身前进行干扰，而掷球者也不能故意掷击对方球员，否则均属于犯规。

第 3 章

足球比赛规则与
历史发展变化

CHAPTER THREE

>>> 四项基本原则 <<<

1 对等

对比赛的双方一视同仁，使运动员在相同的条件下进行公平、合理的比赛。

2 保护运动员健康

激励进球，激励进攻，坚决制止暴力行为和非体育道德行为。

3 促进技战术发展

修改后的规则不仅反映足球运动当时所达到的技战术水平，而且要引导足球运动的技战术向高水平方向发展。

4 提高比赛观赏性，吸引更多的观众

>>> 规则演变史 <<<

1 战国时期

蹴鞠出现于我国战国后期，主要是一种游戏，在训练士兵时偶尔也把蹴鞠作为一项训练科目。虽然那个时候有一定的规则，但是都很随意，甚至还没有球门。

2 唐朝

唐朝时，蹴鞠终于有了球门，而且有了裁判。

3 宋、元、明时期

蹴鞠在这一时期慢慢传到了欧洲，被称为"苏克"，也就是 soccer 的谐音，但那时欧洲没有统一的比赛规则，比赛期间赛场违规行为时有发生，所以足球这项运动很长一段时间被禁止，直到 19 世纪才恢复。

4 19 世纪足球规则的雏形

1848 年，足球运动有了第一个文字形式的规则，即《剑桥规则》。它是在 19 世纪早期的英国伦敦，牛津大学和剑桥大学之间进行比赛时制定的规则。《剑桥规则》主要由 H. 德通泰和 J.C. 思林制定。

足球规则进一步发展——《谢菲尔德规则》

《谢菲尔德规则》是 1857—1877 年在英格兰城市谢菲尔德制定出来的足球规则。这个规则在 19 世纪六七十年代被广泛应用于英国的足球比赛中。

创建《谢菲尔德规则》6 年后，英格兰足球协会的规则也被创建出来。这些都受到《谢菲尔德规则》的影响。这些规则对现代足球运动的发展产生了重大影响。《谢菲尔德规则》引入了角球、界外球、罚球犯规等概念，而第一场国际足球比赛——1870 年 3 月 5 日于伦敦进行的英格兰和苏格兰足球比赛就是应用的《谢菲尔德规则》。

1863 年足球规则正式形成

1863 年 12 月 8 日，英格兰足球协会制定了全国统一的比赛规则。它有 13 条规定，对促进现代足球运动的发展起到了一定的积极作用，尤其是抛弃了手脚并用的现象。这个规则是当今足球竞赛规则的基础。

《谢菲尔德规则》基本内容：

(1) 球场最大长度为 200 码，最小宽度为 100 码，且长度和宽度均需要用小旗子标注出来。球门由两个相距 8 码的立柱组成，没有球网和门楣（横梁）。
(2) 在比赛开始前，抛硬币赢的一方选择球门。比赛由站在球场中央（中场）掷硬币输的一方开定位球开始。在对方开球前，另一方不得靠近 10 码以内。
(3) 当一方领先时，落后的一方先开球，且球门位置对调。
(4) 球从两杆之间无限高度穿过就算赢球，不能投掷，不能被弹出，不能用手携带球。
(5) 球被球员碰出边线后，必须从那个边线点开始扔球，且投掷方向必须垂直于边线。
(6) 当一方球员踢球时，同队任何靠近对方门线的队员不能以任何方式触碰足球。
(7) 皮球如果出球门线，将在距离球门 15 码的地方开球。

(8) 如果一个人"合法接球"（合法接球英文为 fair catch，19 世纪后期这一规则即被废除），他将获得一个任意球。当他控球时，对方不能超过他的身体。

(9) 不许携带球。

(10) 不许用胳膊攻击对方球员或故意踢对方球员，不许推人、拉人。

(11) 不许用球砸人。

(12) 在比赛期间不得以任何借口拿球离场。

(13) 球员不许穿钉钩鞋、厚钢板鞋，或鞋底有马来乳胶，或者有鞋跟。

注：1 码 = 0.9144 米。

 1863—1904 年足球比赛规则快速发展

(1)1871 年足球比赛规定了守门员只能在罚球区内用手接球。

(2)1891 年罚球点球正式出现，罚球点球的出现既保护了进攻方队员，又增加了比赛观赏性。

(3)1904 年 5 月 21 日国际足球联合会正式成立，其中设立了裁判员执法和国际足联规则委员会，使足球规则进入了健康的发展阶段。

 1904 年至第二次世界大战

(1)1913 年将罚任意球的防守队员距球的距离从 5 米改为 9.15 米。

(2)1925 年越位规则有了一定修改。由前面有 3 名队员不为越位，改为 2 名队员不为越位。促使各队不得不放弃僵化保守的踢法，并加快了比赛战术和阵形的改革，出现了 WM 式阵形，从而使局部、整体战术更加丰富，攻守趋于平衡。

(3)1938 年，在时任英格兰足协秘书长劳斯爵士的主持下，将足球规则修订成了 17 章 130 多条规则。

9 足球规则的演变处于停滞状态

第二次世界大战至 20 世纪 70 年代，由于战争的影响和之前足球规则制定的相对完善，这段时间足球规则没有大的变化。

10 足球规则细化阶段

从 20 世纪 70 年代开始，为了增加足球比赛的观赏程度，国际足联在足球规则细节中加入一些变化，比如严厉惩罚足球暴力行为，限制球员故意拖延时间，增加比赛补时时间等。由于这些足球规则细节的改变，足球比赛的净时间大大增加了，同时世界杯场均进球数也大大增加了。

第4章
比赛战术与发展创新

CHAPTER FOUR

≫≫ 阵形介绍 ≪≪≪≪≪≪≪≪≪≪≪≪≪≪≪≪≪≪≪≪≪

❶ 简介与特点

足球阵形是指为了适应区域防守、节奏控制、无球跑动的需要,即 11 人在进攻和防守时,各个位置人员的配备。我们往往以一组数字来描述阵形,比如 1-4-4-2 或 1-3-5-2。

第 1 个数字往往代表门将,第 2 个数字代表后卫线人数,第 3 个数字是中场球员的人数,第 4 个数字是前锋的人数。

❷ 对比赛的作用

(1) 进行区域防守,控制场上节奏。
(2) 球员能够根据自己在场上的位置来明确自己的职责。
(3) 根据不同的对手选择有针对性的攻守阵形。
(4) 发挥球员不同的潜力。
(5) 使球队的打法多元化。

≫≫ 阵形分析 ≪≪≪≪≪≪≪≪≪≪≪≪≪≪≪≪≪≪≪≪≪

❶ 一卫九锋 109 阵形

该阵形产生于 19 世纪,也就是现代足球开始的时候。那个时候由于一些规则的影响,才促使出现了这样的阵形。当时的越位规则是这样的:本方任何球员只要在球的前面就是越位。所以才会出现 1 人防守,剩下 9 人进攻的阵形。

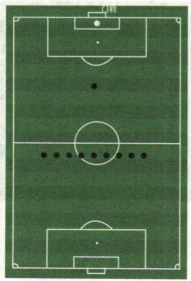

❷ 三卫七锋 307 阵形

为了加强防守,在英国出现了三卫七锋式的阵形。

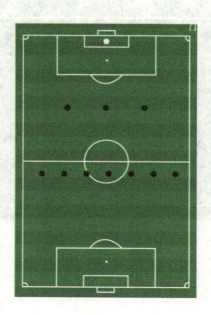

3 四卫六锋 406 阵形

在 1866 年足球比赛中越位规则规定：进攻队员与对方端线之间的对方队员不足 3 人为越位。这对进攻方更加有利，而防守方必须加强防守。于是 1870 年苏格兰人又创造了新的足球阵形——四卫六锋的阵形。

4 塔式 235 阵形

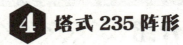

1884 年，英格兰的布利队凭借使用 235 塔式阵形取得了成功，获得了当年的英格兰足总杯冠军。塔式阵形的出现，填补了几乎没有中场这一空白。

235 塔式阵形与之前的一卫九锋、三卫七锋、四卫六锋阵形相比，已经提前把站位区域划分了出来，可谓是以逸待劳，没有无谓的体能消耗。后来，235 塔式阵形风行全世界 40 多年，对足球阵形有着非常大的积极意义。

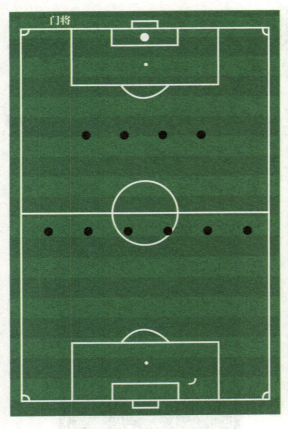

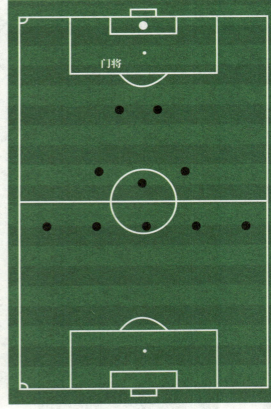

5 WM 阵形

1925 年，国际足联修改了越位规则：将球和对方门将之间的防守队员人数不足 3 人为越位改为不足 2 人为越位。为了适应这一变化，在 1930 年有了 WM 阵形。

WM 阵形由现代足球的后卫之父赫伯特·查普曼发明。他将原先三名中场球员中居中的一名后撤到两名后卫中间，再将原先五名前锋中最边的两人回收，置于剩下两名中场球员身前担任内锋，这个阵形也叫作三后卫阵形。该阵形的特点是队员站位和负责的空间很均衡，每一个队员负责一个区域，在防守的时候采用人盯人的战术。该阵形在进攻中采用中锋从中央突破，两边锋从边路突破沉底传中，防守时两个前卫防守对方的两个内锋，三个后卫基本上采用盯人防守对方的三个前锋。

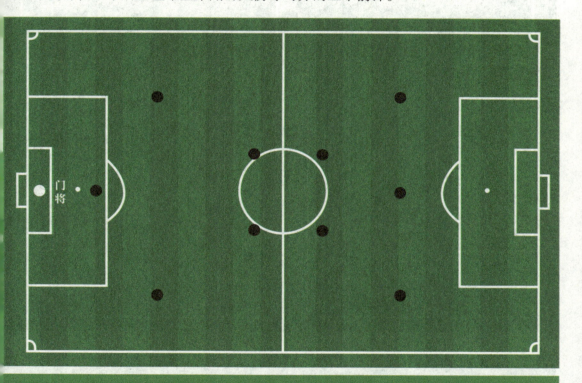

应用实例——赫伯特·查普曼的阿森纳队

1927 年，查普曼利用对越位的认识，领先别人一步，率先使用了 WM 阵形。而把 WM 阵形推向世界的则是后来成为阿森纳主教练的乔治·埃里森。当时，他带领阿森纳获得了 1936 年足总杯的冠军。阿森纳主教练乔治让胡尔莫、德拉克和巴斯丁打三前锋，让博登和詹姆斯打内锋，形成了"W"，让克莱斯顿和科宾打中路，梅尔、罗伯斯、哈普古德打后卫，形成了"M"。后来，意大利教头波佐学习了该阵形，帮助意大利夺得了 1938 年世界杯冠军。

WM 阵形的发展与改革：

在 20 世纪三四十年代，奥地利队主教练拉巴恩要求两名内锋向中路收缩；两名中卫中，一名盯住对方的中锋，另一名中卫负责切断对方的传球路线。奥地利队运用这一战术一直持续到 1954 年。

⑥ 四前锋 3214 阵形

当全世界都在使用 WM 阵形时，匈牙利人在 20 世纪 50 年代开始寻求突破，实现了足球第二次战术革命。因为 WM 阵形中 W 的三前锋很容易被 M 的三后卫盯死，所以匈牙利人创造性地将中场一名队员推到了锋线当中，一下子打破了原来前锋和后卫的平衡。3214 四前锋阵形与 WM 阵形相比，在防守时可以用自己的三后卫人盯人防守住 WM 阵形的三前锋，而在进攻时，锋线又比 WM 阵形的后卫多一人，从而在进攻端占据了人数优势。变革这一阵形的是匈牙利人古斯兹塔夫·西贝。

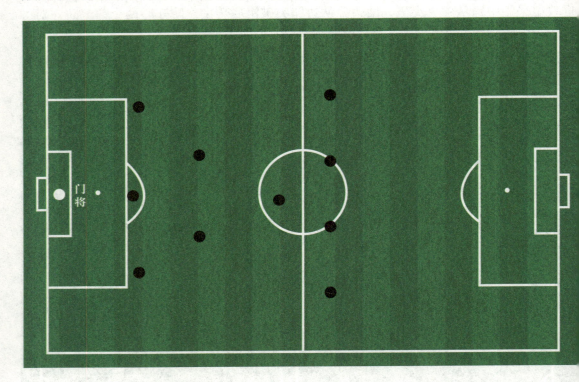

小插曲

1954 年，中国队曾前往匈牙利学习四前锋的阵形。当时，国内派往匈牙利学习先进足球知识的队员一共分为两批：1954 年 4 月一批，1954 年 8 月一批，直到 1955 年 10 月他们才学成归国。匈牙利很重视中国球员的来访，讲授课程的教练包括匈牙利名将约瑟夫。他是1954 年伯尔尼奇迹的亲历者，后来成了中国国家队的第一任外籍主帅。中国球员被安排在匈牙利的奥林匹克训练营参加训练，这是当时匈牙利各支运动队的集训地点。为期一年多的交流学习中，中国队踢了 100 多场比赛，深切领悟了四前锋阵形的精髓，也认识到了攻守平衡的重要性。后来，这支远赴匈牙利学球的中国队战胜了匈牙利二队。

7 424 阵形

424 阵形再次使人数上出现平衡，用四个后卫防守四个前锋，使防守和进攻再次平衡。1950 年巴西率先使用了 424 阵形，而到了 1958 年，巴西队正是凭借 424 阵形夺得了世界杯冠军，6 场比赛进了 16 球丢了 4 球。当时四个锋线由贝利、瓦瓦、扎加洛和加林查组成。中场队员是济托和迪迪，而后卫则由奥兰多、贝里尼和大小桑托斯组成。巴西完成了第三次足球战术革命，此时距离匈牙利的第二次足球战术革命还不到 4 年的时间。这一阵形加快了由守转攻的速度，但是中场人数较少，因此就要求边锋和后卫要积极协助对中场的控制。

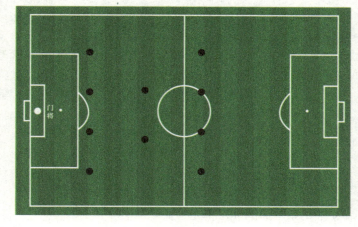

8 442 阵形

上述提到的匈牙利在 20 世纪 50 年代开始使用四前锋的阵形很好地限制了英国的 WM 阵形，尤其是 1953 年匈牙利队以 6∶3 的悬殊比分大胜英国皇家队和 1954 年匈牙利队 7∶1 大胜英国队，这两场失利让英国人大为恼火，纷纷研究应对四前锋阵形的克敌之策。其中，有一个英国教练叫拉姆齐，他认为如果当时英格兰队在中后场人数保持优势，并加强防守的话就不会出现一些失球。因此他就策划出了 442 阵形，即在锋线摆两个前锋，而中场和后场都是四名球员。1966 年 442 阵形取得了巨大成功，拉姆齐率领的英格兰队获得了 1966 年世界杯冠军。当时，赫特和赫斯特搭档双前锋，中场还有小查尔顿，可谓是星光熠熠。

其实，442 阵形的首创并不是在英国，而是源于基辅迪纳摩的教头马斯洛夫，他划时代地创造了 442 阵形。442 阵形的主要目的就是遏制对手的空间。原来的两个边锋后退到了中场的位置，他们的防守任务同进攻任务一样重要，而 442 阵形的精髓就是"压迫"。20 世纪六七十年代，人们已经认识到营养学和体能的重要性，这也为马斯洛夫的 442 阵形和高压战术打下了坚实的基础。马斯洛夫让球队利用高位逼抢挤压对手的空间，用极佳的体能跑死对手。这一革新为米歇尔斯麾下的阿贾克斯和萨基麾下的米兰的成功做了铺垫。

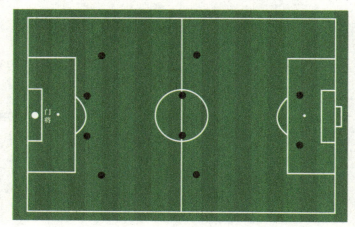

(1) 萨基的 AC 米兰 442 阵形

20 世纪 80 年代，萨基的 AC 米兰开始使用 442 阵形。为了能够持续压迫对手的空间，萨基要求球队的后防线和锋线之间的距离永远不能超过 25 米，这就意味着阵形要整体移动，同时鼓励轮转换位，比如一旦巴雷西离开后卫的位置，这个时候就会由中场的球员进行补位。

为了更好地贯彻执行 442 阵形和球员的跑动，萨基一到米兰俱乐部就让巴雷西观看希格诺里尼的录像，让他模仿希格诺里尼的跑位。要知道，当时巴雷西可是世界上最好的后卫，而希格诺里尼在帕尔马的名气却要小得多。除此之外，萨基还曾经要求贝卢斯科尼把巴斯滕卖掉，认为他的足球天赋太高，可能不会严格执行自己的战术安排。在萨基的治理之下，AC 米兰获得了成功，取得了 1989 年和 1990 年冠军杯的冠军。后来，萨基执掌意大利国家队参加了 1994 年世界杯，但因为在国家队执教时间和在俱乐部执教时间相比要少太多，所以萨基没能充分将 442 阵形移植到国家队，施压逼抢的战术执行得一般，萨基的意大利队在决赛中输给了巴西。1994 年世界杯亚军也是自 1982 年以来意大利取得的最好成绩了。后来因为越位规则有所改动，再加上人们对 442 阵形有了充分了解，442 阵形开始慢慢淡出了主流视野。

(2) 维纳布尔斯的 442 阵形

维纳布尔斯在执教巴萨时就推行 442 阵形，当时他是由鲍比·罗布森推荐到巴萨的，维纳布尔斯在巴萨的 442 阵形很倚仗防守型中场杰拉多、米盖利和朱利奥·阿尔贝托，从而解放了舒斯特尔。维纳布尔斯在执教巴萨的第一个赛季，就获得了联赛冠军。1996 年，维纳布尔斯带领英格兰国家队参加欧洲杯也使用的是 442 阵形，结果杀进了欧洲杯四强，不过英格兰的 442 阵形更加死板一些，一般都是两个纯边锋加两个纯中锋。

进入 21 世纪之后，442 阵形开始没落了，尤其是 2010 年采用 442 阵形的英格兰国家队在世界杯被淘汰时，各大媒体曾经发布讣告表示 442 阵形已死。后来，霍奇森执教英格兰国家队，他曾经在 2013 年对阵爱尔兰国家队的时候使用过 442 阵形。当时，莱因克尔在社交媒体上发表言论：用各四个人组成的两条线，简直是一脚踏回了黑暗时代。但其实，马德里竞技在西蒙尼统治下一般都采用 442 阵形。包括像伯恩利、西汉姆联、勒沃库森等球队在 2013—2016 年也采用的是 442 阵形，而在 2016 年拉涅利执教的莱斯特城正是凭借 442 阵形获得了英超联赛冠军。

(3) 442 阵形的复活——拉涅利的莱斯特城、西蒙尼的马德里竞技

在 2016 年英超联赛中，莱斯特城获得了英超冠军。莱斯特城主教练拉涅利推行的正是不主流的 442 阵形，但是拉涅利的 442 阵形与之前的 442 阵形在使用上还是有些区别的：

① 莱斯特城的 442 阵形讲究两个边锋内切而不是向边路靠拢。奥尔布莱顿和马赫雷斯都是喜欢内切的边路球员，他们和纯边锋有着明显不同。

② 放弃施压逼抢，转为收缩防守。

③ 放弃控球权。在比赛中，莱斯特城基本都把控球权让给对方，引蛇出洞，让对方攻出来，伺机打反击。

(4) 马德里竞技的 442 阵形

在 2013—2014 赛季的西甲联赛中，西蒙尼执教的马德里竞技获得了西甲联赛冠军，这是成功使用 442 阵形的范例。西蒙尼的 442 中场与传统的英式 442 菱形中场相比有很大不同。英格兰的 442 阵形会在前、后腰之间留下大片的空当，而马德里竞技的 442 阵形更加重视对中场中路的覆盖，两个边前卫更加靠近中路，基本是在对方的两个肋部区域形成对称站位，即形成边前腰，而两个边路走廊开阔地的攻防主要交给边后卫打理。同时，马德里竞技双前锋会经常回撤，而后腰偶尔也会前插。

在防守端，西蒙尼要求球队的防守和高位逼抢略有不同。他要求的是"紧密地防守"，让防守队员把位置都站好，减少对方打身后球的机会。通过积极的跑动和在最短时间内的迅速整体移动，建立起区域的防守人数优势。

西蒙尼 442 阵形的特点：

(1) 两个前锋深度回撤参与防守，压迫对方中场。
(2) 四个中场向中路靠拢，挤压中路空间，帮助防守。
(3) 球队整体阵形保持紧密，把边路让给对方。但是当对方进攻边路时，阵形整体迅速移动，用人数优势在边路包围对方的进攻。
(4) 边前卫采用边前腰踢法，而把边路进攻防守交给后插上的边后卫。

---

⑨ 433 阵形

433 阵形是更加注重进攻的阵形。球队的进攻主要围绕两个边锋，而他们则主要以下底突破传中为主，例如切尔西的 433 阵形打法。该阵形的关键还在三名中场球员上：在他们中要有一名脚法细腻的组织者，以及两名相对平衡的接应球员。此阵形在进攻时威力很大，然而缺点在于进攻失球后身后会留有大片空场，易被打反击。这就要求两名边锋不仅需要负责进攻，还需要有能力积极参与回追，保护边路。

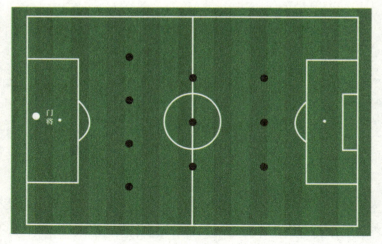

433 阵形的诞生：

1962 年在智利世界杯前两个月，巴西队主教练改为莫雷拉，他创造了一种新的阵形——433。

20 世纪五六十年代，当锋线流行摆四个前锋时，世界各国都在加强防守，所以虽然有四个前锋，但进球变得越来越难。这个时候，莫雷拉想：与其增加锋线人员数量，不如增强中场的实力，再加上在 1962 年世界杯上，巴西队头号锋线队员贝利受伤了，加速了 433 阵形的应用。于是，莫雷拉就在 424 阵形的基础之上，撤下一名前锋，加上一名中场，形成了 433 阵形。当时，瓦瓦、阿玛多、加林查是三前锋，济托、迪迪、扎加洛是三中场，毛罗、佐济莫、大小桑托斯领衔后防。巴西队利用加林查的速度频繁撕破对方防线，获得了 1962 年的世界杯冠军。从此 433 阵形正式登上历史舞台，不过直到 1982 年世界杯，433 阵形才开始流行。

(1) 20 世纪 90 年代范加尔的阿贾克斯 433 阵形

20 世纪 90 年代初，荷兰人范加尔在执教阿贾克斯后使用了 433 阵形（同时也交替使用 343 阵形并大获成功。阿贾克斯的这种 433 阵形是从荷兰传统的 343 阵形演变而来的。与 343 传统阵形相比，将原本处于后腰位置负责中场出球、分球的球员后移至后防线，相当于增加了一名中卫。

(2) 荷兰 433 阵形和演变后的 1333 阵形

荷兰 433 阵形最重要的是中轴线的三中场，其他位置都是围绕中轴线来设计的，1990 年世界杯的 "三剑客"——巴斯滕、古力特和里杰卡尔德风靡了全世界。后来也涌现出了博格坎普、克鲁伊维特和戴维斯。在巴斯滕执教荷兰队时，中轴线变成了斯内德、范德法特、科库，且在中场形成了倒三角形的站位：范德法特和斯内德一左一右，科库在后面。到了范马尔韦克的时候，中轴线变成了斯内德、范博梅尔、德容，同时成了一个正三角形的站位。

其实，荷兰队的 433 阵形有一定的演变，变成了 1333 阵形。所谓的 1333 阵形指的是后防线排出一个中后卫，利用三个后卫防守三个前锋，即使对方突破了三名后卫的防守，最后还有一个后卫 "自由人" 做最后的保护。这一阵形要求全攻全守。当进攻时，全线整体压上，缩小了层次的距离，同时要求队员从跑动中创造机会，并且要求后卫也敢于进球和插上。除了守门员之外，每个队员都有三个职责：防守、组织和进攻。这个基本的理论必须建立在拥有 11 个具备强大体能和技术素质的全能队员的基础上。1973 年，阿贾克斯队在科瓦克斯的调教下，凭借全攻全守的战术连续第 3 次夺取了欧洲冠军杯的冠军，当时的队员包括前场的雷普、克鲁伊夫和凯瑟，中场的哈恩、穆伦和内斯肯斯，后防线的苏比尔、胡索夫、布兰克博格，以及克罗。全攻全守的 433 战术彻底打破了人们过去对战术一味强调分工的概念，更看中队员的能力和素质，这也是世界足球再一次的战术革命。

(3) 巴萨的 433 阵形

巴萨的 433 阵形始于克鲁伊夫时代，克鲁伊夫更多的时候打的是 343 阵形。克鲁伊夫尝试改打 433 阵形，并且召集了所有级别青年队的教练，要求巴萨所有梯队都必须采用 433 阵形，并在比赛中建立起一个观念—— "控球、传递，以及用技术瓦解对手"，同时，克鲁伊夫还创造了 "四号位" 这一足球名词，所谓四号位就是球场的领袖，中场的控制者。除了四号位的瓜迪奥拉之外，克鲁伊夫 433 阵形的另外一个亮点在于科曼的精准长传冲吊。

1997 年范加尔成了巴萨主帅，把之前罗布森的 4231 改回了 433，把荷兰的 433 阵形移植到了巴萨，特点是重视边锋。

2003 年里杰卡尔德的上任，让 433 阵形在巴萨根深蒂固。他要求球队必须拿到高控球率，同时让哈维的位置后撤接近于后防线，以便第一时间得球发动进攻。与此同时，梅西的出现更为巴萨之后的 433 阵形全攻全守奠定了基础。

2008 年瓜迪奥拉成了巴萨主教练，他第一次让右边路的梅西改踢中锋。同时，他把控球率推向了极致——踢自己的球让别人无球可踢。让梅西改踢中锋，也就是后撤组织型九号——伪九号，这样把 433 阵形拆解开就变成了 41212 阵形。2009 年 5 月 2 日的西甲第 34 轮的世纪大战巴萨对阵皇马，这是瓜迪奥拉第 1 次让梅西站在伪九号的位置。全场比赛巴萨 13 脚射门射正，拥有 63% 的控球率和 6 个进球。其中，哈维直接参与了其中 4 次进球，梅西 3 次，且全队一共仅 9 次犯规。伪九号的试验获得了空前成功。

瓜迪奥拉的 433 阵形还有一个位置非常关键，就是布斯克茨的位置。为了应对伪九号，各队都想出奇招，使梅西经常一个人陷入对方的包夹防守，以致球场的空间变得越来越狭窄。这个时候，布斯克茨发挥了很重要的作用，他在巴萨组织进攻时常后撤到两名中卫之间，为防线提供保护。这样，巴萨的边后卫就可以大胆地往前助攻，还能长时间地保持突前。自从克鲁伊夫时代开始到现在，巴萨渐渐地把"控球、传递，以及用技术瓦解对手"这一理念发挥到了极致。

⑩ 352 阵形

352 阵形具有很好的弹性，进可攻、退可守。在进攻时，可以变成 343 阵形，而在防守时也可以变成 532 阵形。其中，两个边路球员称作边翼位。边翼位在 352 阵形中承担着很大的作用，需要跑上跑下的能力和极好的体能。中场的五名球员一般采用双后腰加双翼位和一名前腰的配置。突前的两名前锋和身后的前腰组成一个三角形，依靠三人连线，给对方后防线制造威胁。

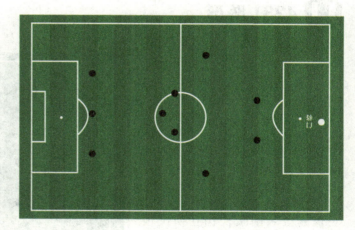

(1) 贝尔萨的 3313 阵形

贝尔萨因为对进攻的偏爱或者说是偏执，人们送给他一个外号——"疯子"。贝尔萨在 352 阵形的基础上演变出了一个全力进攻的阵形 3313。贝尔萨自己有很多语录，比如："在我的战术字典里，防守就意味着失败。" 正是这种对进攻的极度推崇，3313 阵形孕育而生。在 2002 年韩日世界杯南美区预选赛期间，贝尔萨的 3313 阵形技压群雄，阿根廷以仅输一场，领先第 2 名厄瓜多尔 12 分之多的巨大优势挺进了世界杯。阿根廷理所应当地进入了夺冠最大热门候选。但谁都没有想到，在韩日世界杯小组赛中阿根廷早早就被淘汰出局了。因为过度地堆积攻击手，使得球员之间的特点有些重合，出现了一加一小于二的局面，比如说奥特加和贝隆的双前腰；再加上对防守的轻视，使得阿根廷队并没有表现出人们预期的成绩。相信很多球迷朋友都记得波切蒂诺的那唯一的一次失误让探戈军团付出了沉重的代价。虽然贝尔萨在2002年世界杯失败了，但他一直坚持3313的阵形。在他看来，没有3313阵形不适合的球队，只有不适合3313阵形的人。2007年贝尔萨执教智利国家队，彼时智力队已阔别世界杯舞台多年。2007年美洲杯期间更是发生了智利国家队队员酗酒和调戏酒店女员工等负面新闻，加上在四分之一决赛中1：6惨败巴西，让智利颜面扫地。贝尔萨一上任就开始整风，提拔新人，发掘出了布拉沃、比达尔、梅德尔等球员；同时，他下达了最严明的战术纪律：在训练中必须按照他的战术安排进行，而且不断地重复。他要把3313阵形印刻到这支智利队身上。功夫不负有心人，智利队在2010年南非世界杯南美区预选赛中以第2名的身份突围而出，回到了阔别12年的世界杯赛场。更重要的是，攻势足球的理念影响了一代智利足球人，下一任主教练桑保利在智利国家队继续推行攻势足球。

(2) 意大利的352阵形

意甲联赛非常流行3后卫和5后卫的转换，这也和意大利足球观念有关。意大利足球更擅长和讲究防守，而352阵形正是防守反击的阵形。比如意甲尤文图斯就非常擅长使用352阵形，三个中卫都是世界顶级球员——巴尔扎利、博努奇和基耶利尼。时任主教练孔蒂对以往的传统352阵形风格做出了一些改变，由单纯的防守反击风格逐渐转变成控球的风格，而改良后的352阵形也帮助"老妇人"重夺了意甲冠军。

 4231 阵形

4231阵形有五名中场球员，防守密度却依然很大，尤其体现在设置了两名后腰拖后防守。前腰成为球队的进攻梳理者，活动范围很大，进攻的核心力量在于两名边前卫。对于弱队来说，4231阵形是密集防守的阵形，边前卫主要是下底传中，而中锋一般也是高大的抢点型。对于强队来说，4231阵形的3更像是3名前腰，相互换位很多，都有组织进攻的才能。在进攻时更多的是在禁区肋部内切，而把边路交给同侧的边后卫来做。

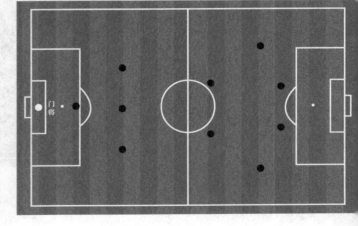

>>> 个人进攻 <<<<<<<<<<<<<<<<<<<<<<<<<<<<<<<

个人进攻指的是在比赛中，在场上采取符合整体进攻目的的个人行动。个人进攻战术是构成局部和整体进攻战术的环节。个人进攻战术行动水平的高低直接影响着局部和整体进攻战术的质量。

1 传球

传球是整体战术配合的基础，是组织进攻、变换战术、迅速逼近对方球门、创造射门机会的主要战术方法。传球的水平代表了一个运动员和一个队整体能力的高低，而传球成功率往往决定着比赛的胜负。

(1) 重要性

传球是比赛中运用最多、最重要的技战术手段。运动员在接球后 80％是将球传给同伴，20％是射门和运球。根据世界杯赛统计，平均每场比赛传球达 1000 余次。一场比赛 70％～80％是通过激烈争夺获得持球权的，而绝大部分失误都是传球失误。

(2) 传球的不同分类

① 按触球方式分为直接传和间接传。
② 按传球距离分为短传（15 米以内）、中传（15～25 米）和长传（25 米以上）。
③ 按传球高度分：地滚球、低球（膝部以下）、平直球（膝部以上，头以下）和高球（头以上）。
④ 按传球方向分为直传、斜传、横传和回传。
⑤ 按传球目标分为向队友脚下传和向空当传。
⑥ 按旋转分为上旋球、下旋球、侧旋球和混合旋球。

(3) 五要素

① 隐蔽：传球必须要隐蔽，如果一旦被对方识破传球意图和传球路线，将极大可能出现传球失误和队友接球困难的情况。可以采用直接传、变向传、假动作和多种脚法传来隐蔽传球的方向和目的。隐蔽是达到传球战术目的的前提。
② 时机：抓住时机就是抓住成功。在足球比赛中，机会总是转瞬即逝的，尤其是在进攻中，掌握传球的时机是创造进球的保障。如果传球传早了，就会有提前量；而如果传球传晚了，则会存在接球队员跑过或者被断的风险。时机具有复杂性，它涉及时间、空间、接球同伴、球、防守队员、其他同伴及场区等因素。
③ 准：随着现代足球比赛节奏和竞争的异常激烈，身体接触越来越频繁。对于传球者来说，精准是第一要务。精准包括高度、方向、位置、旋转等。精准的含义不仅仅是皮球要准确地传到队友脚下，还要有精准的预判能力和选择传球方式的能力。比如需要前点球就不要把球传向后点；这个球用外脚背传好于用脚背内侧，就要用外脚背等。

④ 力量：传球力量是一个寸劲儿，有的时候需要大力，有的时候需要小力，有的时候需要巧力。力量的控制也是对球感的一种体现，所以，传球力量必须适当。

⑤ 全面：一个优秀的足球运动员需要全面掌握各种脚法、各种踢法，才能在比赛纷繁复杂的环境中传出隐蔽性强，不同高度、距离、落点、旋转的球，提高传球成功率，组织有效进攻，创造更多的射门机会。

注意事项：

(1) 力争向前传球。
(2) 争取直接传球，特别是在对方盯逼很紧的时候，运用准确的直接传球，可迅速改变进攻点，使对方防守队员来不及调整防守位置。
(3) 在传球时要避开对方的抢截半径和断球的可能。
(4) 多采用中传。中传既可加快进攻的速度，又可减少失误。
(5) 注意转移传球。当攻守队员集中在一侧，且进攻受阻时，应及时转移传球，变换进攻方向。
(6) 风雨天比赛，当顺风时多传直传球和长传球，传球力量应适当小些。当逆风时多传低平球，传球力量应适当大些。下雨地滑多传脚下球，场地泥泞少传地滚球和横传、回传球等。

❷ 射门

射门指的是用踢球、头顶球、铲球等技术将球射向对方球门。射门是进攻的最终目的，也是决定比赛胜负的关键。

(1) 重要性

射门是一切进攻战术配合的最终目的，也是进攻得分的唯一手段，是进攻战术的核心环节。

(2) 六要素

① 射门意识与欲望
射门意识既需要天赋，也需要后天努力。有的时候，该射门却选择传球和带球，有的时候该带球突破却选择射门，这都是缺乏射门意识的体现。射门意识往往代表一个球员的球商。同时，射门也需要欲望，只有强烈的射门欲望，才有更大的破门概率。要敢于在激烈对抗中完成射门动作，要勇于承担射不进的风险。
② 射门需要准确、突然、有力
准确是第一要务，至少在球门范围内。突然和有力将会决定射门的质量，特别是远射的大力轰门。
③ 尽量射低球
守门员扑接低球、地滚球比接高球、平球更困难。

④ 选择最佳射门角度

射门角度的选择非常重要，它将会在很大程度上决定是否进球。在一般情况下，如果守门员站在球门中间，应将球射向球门的两个下角；如果守门员移动，要射向他移动的反方向。

⑤ 注意射门区域

射门区域一般分为图例中的1、2、3、4、5、6、7。每个球员都有自己非常擅长的射门区域，应尽可能扩大自己的射门区域，并且根据场上形势选择最为合适的射门区域。

⑥ 珍惜射门机会，不失时机、果断起脚。

在足球场上有句话：浪费机会就会遭到惩罚，所以要珍惜每一次射门的机会。比赛中出现射门时机是短暂的，且情况是复杂的，需要瞬间做出决断。快速观察、分析、决断、行动和灵活的应变能力就显得很重要，而且要掌握全面、娴熟的射法，能适时采用脚射、头射、鱼跃射、倒地射，甚至胸射、腿射等射法。

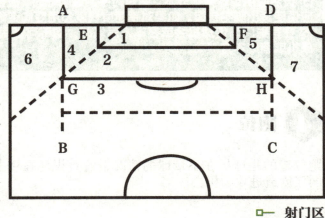

▫⎯ 射门区

3 突破

指一方带球，在运动中使身体摆脱对方球员的防守。

(1) 重要性

运球突破是极为重要、极有威胁的个人进攻战术，是突破防守体系、创造更好的射门和传球机会的有效手段。

(2) 比赛中控球队员遇下列情况可采用运球突破战术行动

① 控球队员在没有射门、传球的可能时，可运球突破对手，创造射门、传球的机会。

② 在攻守转换过程中，控球队员在进攻区内面对最后一名防守队员，而且防守队员身后又有较大空当时，应大胆运球突破其防守射门。

③ 控球队员在对手贴身紧逼时，应运球突破。

④ 对方采用制造越位战术，控球队员又没有传球的可能时，应采用反越位战术，果断运球突破，直接攻门。

注意事项：

(1) 在控制球的过程中也要保护好球，不要强行突破以致丢失球权。
(2) 掌握好运球突破的距离和时机。
(3) 运球应采用多元组合技术，动作衔接要自然、紧凑，这就要求队员的足球基础技术要过硬。
(4) 一旦突破对手，就应及时射门、传球配合。
(5) 灵活应用运球突破战术。面对对手紧逼防守时，应多运用假动作；面对对手松动防守时，应诱使其出脚犯错误。如果对手速度快就多用变向突破，如果对手速度慢就多用变速突破。
(6) 在有射门与传球机会或在本方后场时，切不可滥用运球突破战术，以免贻误进球获胜的战机或造成本方被动。

4 跑位

跑位指的是球员在不带球的情况下有意识地在场上进行跑动。当跑位得当时，可以为同伴创造进攻的机会。

(1) 重要性

跑位看似简单，但其实非常复杂。无球跑动对于球队的战术来说非常关键。只有高效率地跑位，拉开进攻空当，为队友创造传球空间，才有更大的破门可能。

(2) 跑位的原则

① 以球的动向而动
② 以近球者而动
③ 以前者动而动

(3) 四要素

① 敏锐的观察
由守转攻时，要第一时间观察控球队员的位置，然后观察无球队友的跑动和对方的防守站位，最后按照赛前主教练的战术安排和实时情况，用最短的时间做出最佳的跑位。
② 明确的目的
跑位的目的是为自己或队友获得球创造时间和空间，所以每一次跑位都要注意自己的目的，不能为了跑位而跑位，无谓地消耗体能。
跑位的目的分为摆脱、接应、拉开、切入、插上、套边、包抄、扯动和牵制。
③ 合理的时机
跑位要及时、合理。不能跑得太早，也不能跑得太晚，要做到合理、及时。
④ 多变的行动
传球后立即跑位，可选择向前跑位、隐蔽跑位、合理跑位、疯狂跑位。

》》 局部进攻 《《《《《《《《《《《《《《《《《《《《《《《《《

局部进攻一般是指由二三名队员在局部范围内进行的战术配合。局部配合主要有二过一配合、传切配合、三人小组配合等形式。

1 二过一配合

二过一配合指的是在比赛场地任何位置的局部区域形成以多打少的局面。通过队员之间的传切配合，达到摆脱抢截、突破防守的目的。在进行二过一配合的时候，要求传球平稳、及时，传球的位置尽可能在接球人脚下或前面两三步远的地方。

(1) 踢墙式二过一

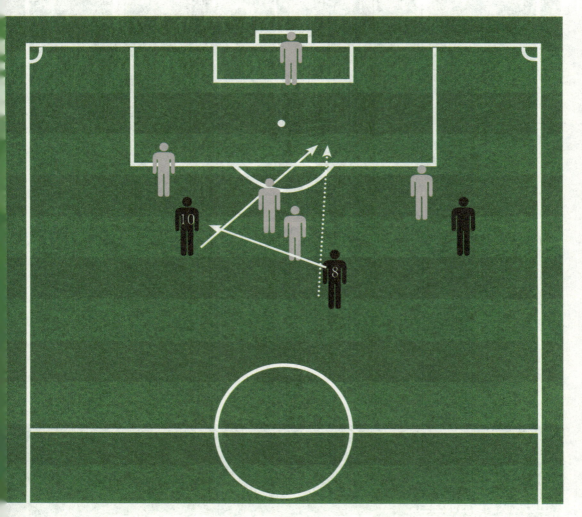

控球的 8 号队员运球向防守队员靠近，然后突然将球传给旁边的队友 10 号，接着快速插向对方身后的空当；最后，接球的 10 号队员像"墙"一样将球"弹"给插上的 8 号队员。

(2) 回转反切式二过一

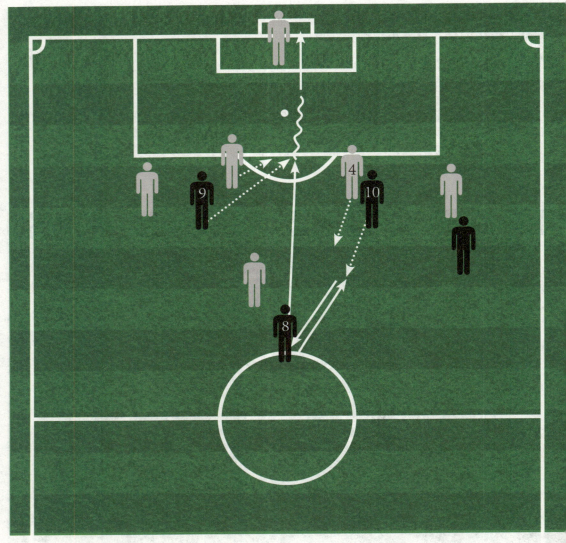

◻━━ 10 号队员向回跑动接应，吸引对方的中后卫 4 号队员，加大其身后的空当；10 号队员接
8 号队员的传球后又传给 8 号队员，与此同时，9 号队员快速斜线插入中路空当，接 8 号
队员的传球形成突破。

二过一对反切队员的要求：

(1) 接球要逼真，给对方造成欲拿球转身的假象，以诱惑防守队员上前实施逼抢，从而制造
出防守队员身后的空当。
(2) 球应传脚下球，且传球的力量要稍微大些。道理与对持球队员的要求相同。
(3) 当回传球后，应迅速转身，插向防守队员身后的空当。

(3) 交叉掩护式二过一

무 无球的 11 号队员和控球的 10 号队员做交叉跑动，利用防守队员难以判断进攻队员的真实意图而迟疑之际，交换球或不交换球而越过对手。

二过一对持球队员的要求：

(1) 持球队员应在距接应队员 8 ~ 10 米处传球。
(2) 持球队员应向接应球员脚下传球，力量应该稍大些。
(3) 在接到回传球后，应立即将球传到防守队员身后的空当，传球要到位，力量要适当。

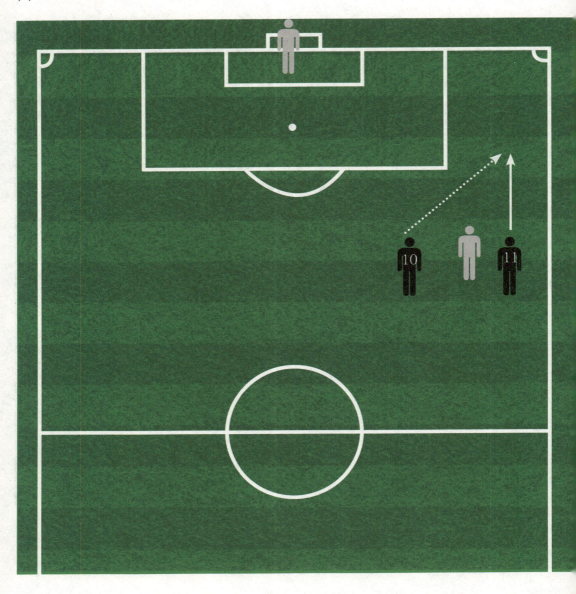

双边锋式二过一（在边线，因边锋直传、前锋斜插形成双边锋而得名），是通过 11 号进攻队员把球直传防守队员的身后，10 号进攻队员斜插与 11 号队员互换位置，达到越过防守队员的一种战术配合。

(5) 8字掩护式二过一

8字掩护式二过一是通过一名进攻队员斜线带球，用身体做掩护，并与另一名进攻队员互换位置，在两名队员贴近交叉的瞬间将球带走，达到越过防守队员目的的一种战术配合。

(6) 反切式二过一

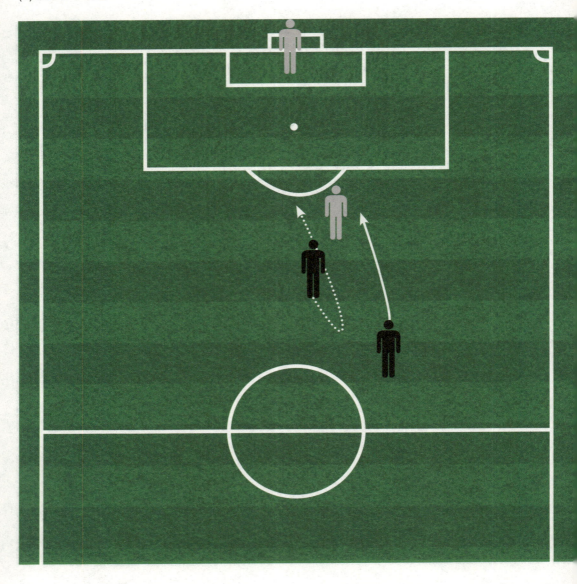

反切式二过一是一名进攻队员以迅速回来接应球为假象，迅速反向冲刺至防守队员身后的空当，另一名进攻队员迅速将球传到其身后，达到越过防守队员目的的一种战术配合。

(7) 空切式二过一

空切式二过一是一名进攻队员迅速冲向对方后卫站位之间出现的空当，另一名进攻队员
迅速将球传到空当，达到越过防守队员目的的一种战术配合。

❷ 传切配合

传切配合就是控球队员适时地将球传向防守队员身后的空当，接球的无球队员及时切入防守队员身后的空当接球，形成突破。

(1) 直传斜插

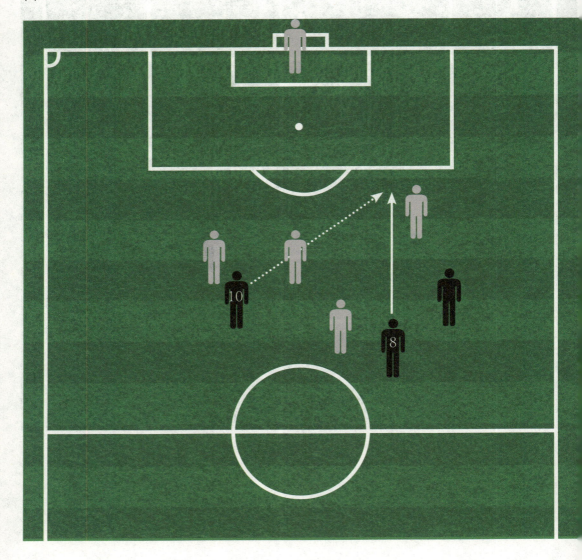

■—— 8号队员将球直线传入中路防守队员身后的空当，10号队员斜线切入空当接球，形成突破。

(2) 斜传直插

■— 10 号队员将球斜线传入对方中后卫身后的空当，8 号队员直线插入空当接球，形成突破。

(3) 斜传斜插

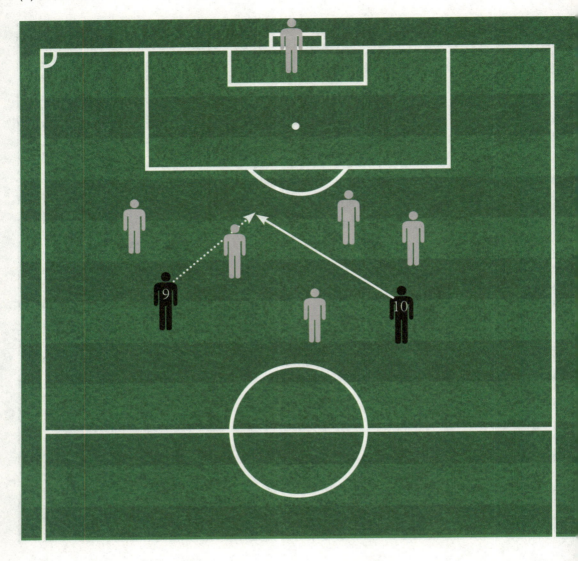

■—— 10号队员将球斜线传入对方中后卫身后的空当，9号队员斜线插入空当接球，形成突破。

(4) 直传直插

◻━━ 8号队员从两名中后卫6号和7号队员之间的空当将球传入对方身后，10号队员直线插
入空当接球，形成突破。

3 三人小组配合

(1) 跑、传、切配合 1

▫▬ 10 号队员向回跑动接应，吸引对方的中后卫 4 号队员，加大其身后的空当，然后 10 号
队员接 8 号队员的传球后又传给 8 号队员；与此同时，9 号队员快速斜线插入中路空当
接 8 号队员的传球，形成突破。

(2) 跑、传、切配合 2

□── 当 8 号队员将球传给 9 号队员时，10 号队员斜线向右跑动佯攻，吸引对方中后卫 4 号队员离开中路位置，使中路出现短暂的空当。8 号队员传球后迅速插入中路空当接 9 号队员的传球，形成突破。

(3) 间接二过一

8号队员将球传给10号队员，10号将球传给右边的9号，9号将球传到中后卫身后的空当，8号从左侧及时斜线插入空当接球，形成突破。

(4) 假二过一

10 号队员看似准备与 8 号队员做二过一配合，但 8 号队员却突然将球传给另一侧预先埋伏并及时插上的 9 号队员，形成突破。

(5) 偏重一侧的二过一

当攻守人数相当时，进攻队员集中力量偏重一侧进行二过一突破。这样，突破了一点也就突破了整个防线。

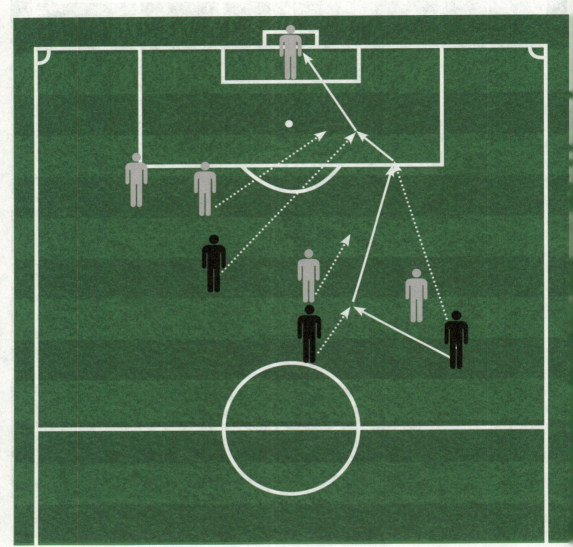

(6) 连续二过一

多名进攻队员向某一区域集中，进行连续的二过一配合而突破对方的防线。

≫ 整体进攻 ≪≪≪≪≪≪≪≪≪≪≪≪≪≪≪≪≪≪≪≪

进攻一方在前场的边路比在前场的中路更容易获得空当，而且防守一方还总想把对方的进攻挤向边路。因此，从边路空当发动进攻是球队整体进攻的一个重要内容，特别是当对方在中路人数众多、防守有序的时候，采用边路进攻是打破对方收缩防守的有效武器。传统的边路打法仅限于边锋参与，而在如今的足球比赛中，中锋、前卫和后卫队员都可以参与到边路进攻中。

1 边路进攻

(1) 传统的边路进攻

边路射门的角度很小，进攻主要是通过传中的方式将球输送到中路门前地带，由中路队员跑位插入禁区抢点攻门。

▫━ 1为边路斜长传　　▫━ 2为边路传中　　▫━ 3为底线斜扣传中

(2) 边锋强攻

边锋或边前卫利用运球技术或速度强行进入边路空当。

- 1 号左边锋利用速度进入防守队员身后的空当，接队友传球后传中。

- 2 号右边锋运球强行下底传中。

(3) 中锋扯边路空当接球

中锋从中路快速进入边路空当接球。

(4) 前卫套边

前卫队员伺机从边路队员身后溜过，沿边线插上接球。

1 号前卫绕到边路空当，接球后下底传中。

(5) 边后卫插上助攻

中前场的边路队员有意识地向中路移动，留出边路通道让边后卫从后面插上助攻。边后卫助攻有两种方式：一种是在中线附近以 45 度角传中，另一种是更深地插上下底传中。

□—— 1 号边后卫沿边路空当插上，接队友传球后传中。

❷ 中路进攻

中路进攻通常是指进攻最后阶段发生在前场中间区域的进攻。中路进攻形成的渠道，一般也来自中路直向推进和边中转移两种形式。中路进攻的特点一般说来比边路进攻更具有威胁性和直接性。由于中路往往防守人员密集，形成有效进攻的难度很大。但一旦成功，则威胁性更大。

(1) 快速反击

中路最有威胁的进攻是在对方防守加强之前发动反击，这就需要依靠速度来实现。要在对手形成防守优势之前，用快速的进攻完成射门。

(2) 个人运球突破

进攻队员运用盘带技术越过防守队员的阻截，创造了射门机会。

□—— 1号队员快速运球突破防守。

(3) 前锋与前卫配合

①

■— 1号前卫传球。

■— 2 号队员接球。

■— 3 号队员配合二过一，突破对方防线。

②

▫━ 　3 号队员、4 号队员、5 号队员偏向右侧进攻，吸引对方防守。

▫━ 　2 号队员插入防守相对较弱的左侧，接队友从右侧传出的球后射门。

□— 右侧的前锋 11 号队员回撤接应，吸引防守队员。

□— 左侧的前锋 10 号队员斜线插入对方右中后卫留下的空当。

□— 左中前卫 7 号队员接 11 号队员的横传球后及时将球传给插入空当的 10 号队员。

□— 10 号队员接球后射门。

④

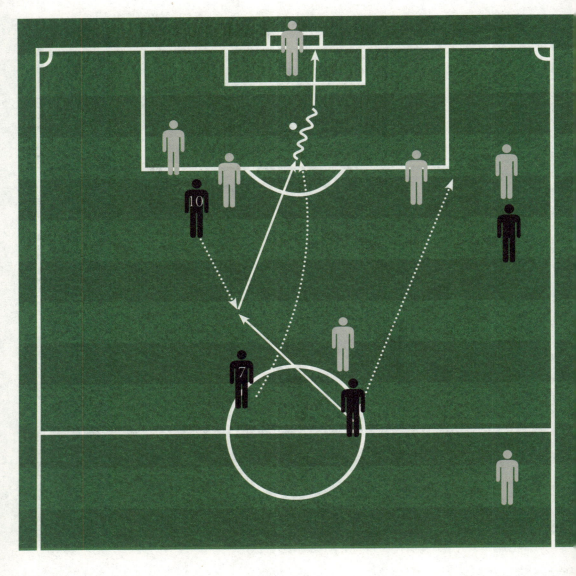

□—— 10 号队员回撤接应。

□—— 7 号前卫快速插向中路防守队员的空当，接 10 号队员的传球后形成突破。

(4) 虚实结合

①

▪— 11号队员将球传给10号队员后，从10号队员身后向球的左侧绕插，同时扯动对方防守。

▪— 8号前卫快速插入11号队员扯出的空当，在接到10号队员的传球后将球传给插到对方左侧的11号队员，并由11号队员射门。

②

■—— 前卫 6 号队员向左侧边路插入禁区，接中前锋 7 号队员的传球后射门。

(5) 利用节奏变化

当对方在中路实施密集防守，且两条防线之间的距离较小时，进攻一方不要急于进入防守层次内形成扎堆，而应在外层耐心倒球，将对方的防线向外扯动，加大防线之间的距离，然后再突然快速插入空当，发动攻击。

(6) 回传拓宽进攻面

在正面防守、封堵密集的情况下，一味硬攻的结果大多数情况下只能是劳而无功，此时将球回传可以拓宽进攻面，或为队友远射创造条件。

▫—— 1 号队员在对方封堵的情况下将球回传给 2 号队员。

▫—— 2 号队员可实施远射或重新组织进攻。

(7) 定点强攻

中锋埋伏在禁区，准备接队友的传球，完成攻门的任务，或用头球摆渡给插上的队友。前卫队员在禁区外为前锋输送炮弹，并负责争抢对方的解围球，发动第2次攻击。

▣━━━ 前锋进入禁区准备接队友传球强行攻门，而前卫为前锋输送炮弹并争夺对方的解围球。

❸ 快速反击

快速反击指的是防守一方把球断下来之后，马上采用一定的方式，如中长传、短传、个人带球突破等，给对方的防守造成压力和威胁。

(1) 守门员直接发动反击

当守门员阻截一次对方的进攻后，可以立即用手抛球或者采用大脚的方式将球打向对方半场发动反击。比如伊朗队的守门员贝兰万德，他的手抛球可以抛掷 60 米之远，被誉为"麒麟臂"。这样的远距离手抛球反击一直都是伊朗国家队拿手的反击战术。

(3) 个人带球变速反击

把球断掉之后，如果发现前方或者身边没有队友接应，此时可以选择利用自己的个人能力以迅雷不及掩耳之势杀到对方腹地。卡卡经常上演这样的单骑闯关。

(2) 断球后立即反击

一旦在对方半场或者中场把皮球断掉，对方还没有防守意识，仍处在进攻状态。此时，可以立即打反击，分边路、中路或者找空位都是很不错的选择。

(4) 迂回快速反击

直来直去地长传快速反击，意图容易被识破，而且长传落地也不容易控制。但如果此时在中后场通过简练的长、短传结合的迂回进攻，可能会出现奇效。

(5) 定位球快速发动进攻

如果遇到界外球、任意球等机会，可以利用主裁判不鸣哨快发的有利条件，直接打反击，有时候这也是不错的选择。

层次进攻

层次进攻是指有组织、有步骤、层层推进的一种进攻方式。它是一种比快速反击更慎重的进攻打法，具有稳妥和准确的特征，有利于减少比赛中传球的失误率，但是对球员的水平要求较高。

个人防守

① 选位

由攻转守后的防守队员根据自己的位置职责和当时赛势的具体情况，在整体意识的支配下，有目的地选择恰当的防守位置。

(1) 基本原则

防守队员选择位置，原则上是站在对方与本方球门中心所构成的一条直线上，与对方的距离要根据场区以及球所处的位置来决定。

选位需要注意观察以下三点：

① 进攻队所处的位置。

② 球门的位置。

③ 球所处的位置。

(2) 基本要求

① 快速

由攻转守时，防守球员在选择位置时要快速，第一时间根据对方的进攻情况保持横向和纵向联系，为之后的保护和补位做准备。

② 合理

在快速的基础上，合理也是必要的，是否合理的主要依据是选位的基本原则。合理的关键点在于由攻转守和整体防守的意识。

(3) 注意事项

① 当本方进攻的时候，两个中卫需要时刻注意观察对方前锋的位置并保持一定的距离。

② 如果在本方进攻时，只有一名防守队员拖在最后，要注意和对方前锋保持纵向距离。

③ 当一名防守队员上抢时，另外一名防守队员要注意保护，尤其是对第2落点的提前预判。

④ 在防守中，选位也要不断进行调整，即根据进攻队的位置不断变化，防守队员的选位也要随之改变。位置的改变主要还是依据这三点：进攻队所处的位置、球门的位置、球所处的位置。

② 盯人

防守队员通过各种方法，紧紧跟随并看住自己的对手。其基本目的在于严密控制对方在种种战术形势下的有效行动，诸如接球、运球、传射等。

(1) 分类

① 紧逼盯人

适用于禁区附近，或者防守队员距离进攻队员很近的时候。

② 松动盯人

适用于距离对方拿球队员比较远的时候。

(2) 注意事项

① 防守队员必须根据球的位置站位于被盯队员与本方球门线中点之间的连线上，并根据比赛情况，保持与球的适当距离。

② 防守队员在盯人时注意力必须高度集中，能够洞察周围局势，以便提前有准备地干扰被盯队员接球或处理脚下球。

③ 盯人队员通常有固定的被盯队员或相对稳定的区域范围，为了防止盯人的过失，每一盯人队员除了完成自己的任务之外，还必须具备补漏意识和能力，以便在同伴失职后仍能保证整体防守的有效性。

④ 盯人队员应当具备随机应变的能力。当同伴防守吃紧时可见机采用夹击、围抢的方式；当周围有球可抢截时，应擅于主动出击。各负其责是盯人成功的基本条件，而同伴间灵活、主动、积极的协作，更能提高盯人防守的效果。

⑤ 盯人队员在运用抢截技术时，必须谨慎小心，因为一旦失误，往往就会给本队带来以少防多的被动局面，给同伴增加压力。如果抢截失误，该队员应即刻回追。

⑥ 盯人防守对体力的要求往往很高，盯人队员必须根据自己的体力状况，采用合理的盯人形式。当体力不支时，可适当地减少盯人中的争抢，多用封堵来达到防守目的。

3 抢断、拦截与封堵

顾名思义，就是要把皮球从对方的控制范围内抢截、断下，从而形成本方控球的局面，或者将球破坏出去。

(1) 面对面抢断

在防守时，与对方面对面对抗，在对方触球的一瞬间，用脚内侧把球断掉。

技术要领：
抢球脚的脚弓正对球，跨出一步，膝关节弯曲，身体重心移到抢球脚上。

(2) 铲球

铲球一般分为脚掌铲球、脚尖铲球和脚背铲球。

技术要领：
① 当防守队员距离对方拿球队员还有 1 米左右距离时，可迅速倒地滑行将球铲出。
② 铲球具有一定风险，如果没有把球破坏，则会形成较大的真空防守地带。

(3) 侧面冲撞抢断

手臂紧贴住身体，在对手近侧脚离地的一刹那，用肩以下、肘以上的部位猛力冲撞对手的相应部位，使对方失去平衡，从而得到球。

(4) 高空拦截

需要对皮球的落点有一定的预判能力，起跳之后争高球将球破坏出去。

(5) 拦截传球路线

在防守时，可以站住位置并且观察对方进攻队员的位置，提前预判传球路线，在对方传球路线处拦截皮球。

(6) 封堵射门角度

当对方准备射门时，提前卡位，用身体部位挡住射门的角度和空间。

⟫ 局部防守 ⟪⟪⟪⟪⟪⟪⟪⟪⟪⟪⟪⟪⟪⟪⟪⟪⟪⟪⟪⟪⟪⟪⟪⟪

❶ 补位

补位的具体内容是在防守时，本队其中一个队员被对方突破时，另一个队员前去封堵，或当同队队员离开了原定分工的位置，其他球员填补因该队员离开而暴露出来的空位。

(1) 及时填补同伴留下的空位

当某个防守队员被对手突破，或同伴因盯防对方离开了相应的防守位置而出现防守漏洞时，附近的防守队员要及时填补同伴留下的漏洞。

▭— 3 号中后卫上前盯防接球的对方前锋。

▭— 6 号队员及时回撤填补 3 号中后卫留下的空位。

(2) 相互补位

①

□—— 对方运球队员突破了 5 号前卫的防守后，2 号边后卫上前为 5 号队员补位防守。

②

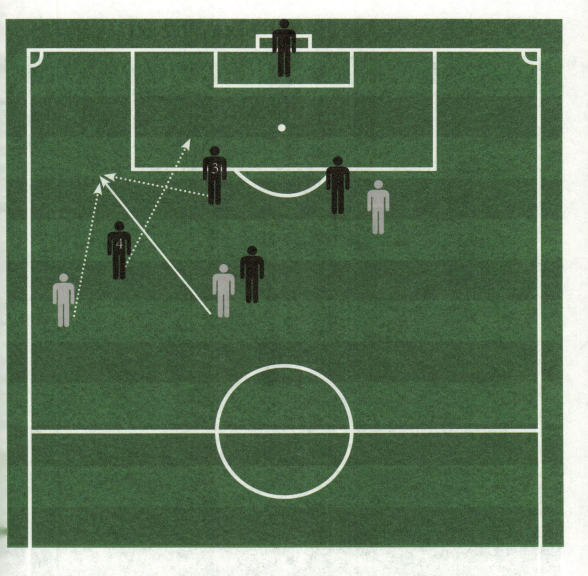

对方边锋越过 4 号边后卫的防守，插入边路空当接球。

3 号中后卫到边路为边后卫补位防守。

4 号边后卫换位到中后卫原来的位置，为中后卫补位。

(3) 连环补位

①

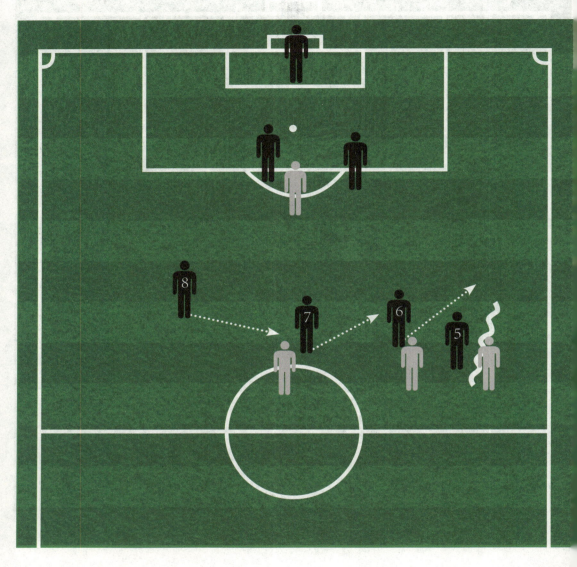

6号队员为5号队员补位防守，7号队员补6号队员留下的位置，而8号队员又为7号队员补位。

━━ 3号中后卫移动到边路补防插上的对方前锋。

━━ 4号边后卫移动中路盯防插向中路的对方前锋。

━━ 5号队员移动补3号中后卫的空位。

❷ 保护

在一名防守队员盯防或者抢截对方进攻队员的皮球时，附近的防守队员迅速移动到该防守队员的身后起到一定的保护作用，构建起第 2 道防线。如果第 1 道防线被突破，还有第 2 道防线形成防守。

(1) 中后卫保护中后卫

▫— 当 4 号中后卫盯防进攻队员时，3 号中后卫迅速向他的同伴靠拢，形成保护。

(2) 中后卫保护边后卫

当 2 号边后卫向边路移动盯防对方进攻队员时，3 号中后卫同时也向边路移动，以加强防守，对侧后方形成保护。

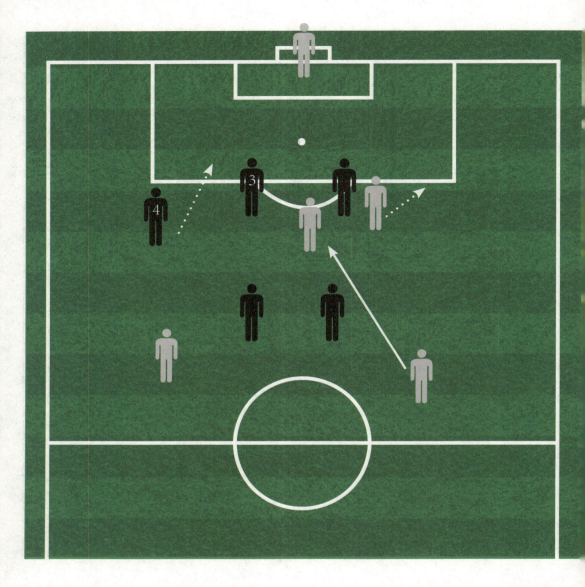

围抢

围抢指的是两名及两名以上的防守队员对进攻队员进行夹抢。
1995 年，上海申花队主教练徐根宝对围抢要求非常高，提出了一个新的战术名词——抢逼围。球队当时有毛毅军、成耀东、刘军、范志毅等作风硬朗的队员，把抢逼围战术发挥到了极致，获得了 1995 年甲 A 联赛冠军。

➤➤ 整体防守 ⫷⫷⫷⫷⫷⫷⫷⫷⫷⫷⫷⫷⫷⫷⫷⫷⫷⫷⫷⫷⫷

1 人盯人

人盯人防守，顾名思义，就是一个人盯一个人，相当于象棋中的对子。整体人盯人防守在 1920—1950 年非常流行，20 世纪 70 年代和 21 世纪初也曾运用于比赛中，但现在几乎已经消失在历史长河中了。

(1) 绝对人盯人防守

非常死板的人盯人，就是一个人全场比赛就盯他所负责的那个人，也就是除了前锋和守门员之外，剩下的球员全部一对一来盯人防守。当然，有时也会留一个或者两个队员机动进行补位。这种人盯人的战术是 20 世纪 20 年代阿森纳主教练赫伯特·查普曼发明的，就是要做到紧贴并且上抢。

(2) 灵活人盯人防守

和绝对人盯人防守不同，灵活人盯人防守不是"号码防守"，它具有传递功能。一名防守队员在防守一名进攻队员时，可以传递给另外一名防守队员接替他对该进攻队员进行防守，这就是灵活的人盯人防守。这样，如果对方想交叉换位的话，也不会打乱防守计划。

(3) 区域人盯人防守

全体队员都是以区域防守站位为基础的，每个队员都有一片需要覆盖的防守区域。当对方队员进入到某位队员的防区时，本方队员就会执行人盯人防守。

□— 失去控球权后，立刻盯紧离自己最近的对方队员。

❷ 区域防守

区域防守又可分为区域防守中的区域盯人防守与区域防守中的人盯人防守两种形式。在比赛中，区域防守中的人盯人防守比区域盯人防守应用得更加频繁。

(1) 区域防守中的区域盯人防守

每个防守队员都负责一定的防区，并且随离自己最近的同伴的移动而移动，保持好紧密的防守队形，并随时准备上前盯防附近的对手。这样能够使主要的防守区域变小，不给对方留有防守空当，使对方的控球变得困难。

(2) 区域防守中的人盯人防守

每个防守队员都负责一定的防区，并且随离自己最近的对手的移动而移动。如果对方离开了自己的防区，则另一个区域的同伴接管盯防。

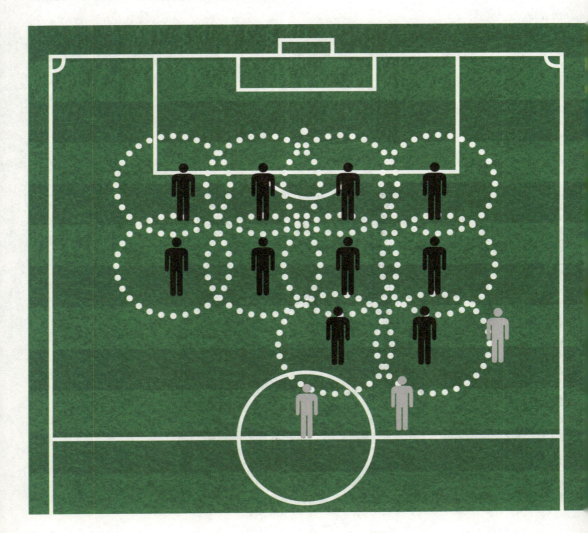

3 造越位战术

造越位战术是指在进攻方传球前的瞬间，防守方队员突然全线压上，使目标队员处于越位位置。

在进攻方控球队员准备给前方队员传球前，2号队员移动到离球门比进攻方接球队员更远的位置。在进攻方传球队员起脚的瞬间，接球球员比倒数第2个防守队员距离球门更近，同时也比球距离球门更近，这时接球队员就会被判罚越位，从而暂时终止比赛。

4 链式防守战术

全场队员都有防守责任，前锋积极回追，也就是就地反抢；在中场防守时队员基本全部回收。在五后卫站位中，四名传统后卫平行站位，两名中后卫均为突前盯人后卫，两名边后卫基本不会助攻，只负责保护补位。防守核心是清道夫，一人坐镇门前，组织防守，指挥造越位，弥补后卫身后的空位。

前卫线一般由3个人组成一条链，而后卫线由4个人组成，这样前卫链的空当正好有后卫补点，但是链式防守对于防守队形的要求很高，只要队形一乱，链式防守就不复存在。而即使队形始终保持得很好，也不排除对方的超级球星能够正面突破的可能，所以链式防守的至高境界还要有一个防守能力很强的后卫游弋在两条链之间防守对方核心队员。

4.4 | 定位球战术

》》角球战术 《《《《《《《《《《《《《《《《《《《《《《《《

在比赛中，角球的得分率比任意球略低，但仍然是极其有效的得分手段。踢角球的抢点队员不受越位的限制，可以更靠近对方球门。角球有长距离角球和短距离角球两种类型。

1 战术一

11号队员发出一记瞄准前门柱的内旋角球。此时，2号队员和3号队员待在中圈附近保护后防线，而10号队员则埋伏在禁区外。从图中我们可以看到，这时有六名队员在禁区内。当7号队员开始往禁区外跑动的时候，11号队员就立刻开出角球。6号队员和8号队员进行一个交叉换位，同时4号队员和9号队员则跑向近点争抢头球，而一开始就待在守门员身边的5号队员也需要向近点移动，如果4号队员和9号队员没有碰到球，他或许可以拿到一个攻门的机会。

② 战术二

10 号队员在大禁区边上尝试一脚天外飞仙。一开始，4 号队员往禁区外跑动，这不仅给 11 号队员发出一个开球的信号，而且也很好地掩护了 10 号队员的战术意图。如图所示，此时禁区内队员的跑动则主要是为了干扰对方防守队员。当然，这个角球战术的前提是，球队中有脚法精准的队员能够将球送到位，而且还要有人完成这最后的致命一击。

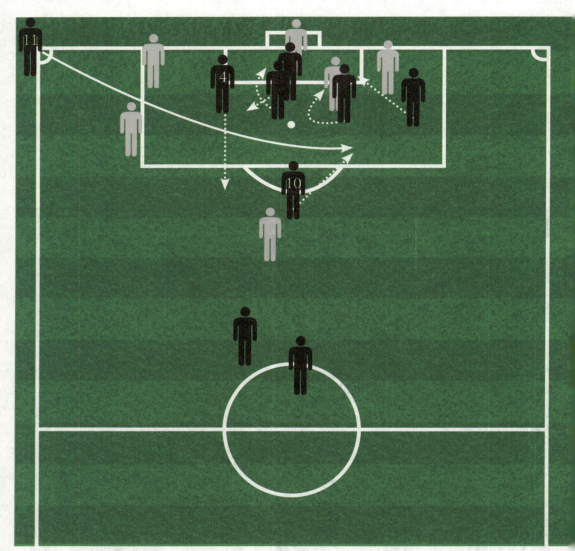

③ 战术三

这是一个近点外旋球战术，目标是 8 号队员。同样是在 4 号队员开始往禁区外跑动时，11 号队员随之发出角球，此时 4 号队员的跑动不仅可以迷惑对方，还可以在场上情况发生变化的时候，为球队提供掩护。从图中我们可以看到，本战术的关键是 5 号队员的跑位，他需要做一个类似篮球里"挡拆"的动作，让 8 号队员能够不受阻碍地去争抢头球。

4 战术四

主要的进攻队员在禁区里排成一字长蛇阵，这样可以让对方弄不清你究竟会从哪一个方向发起进攻。10号、7号和9号队员佯装向近点移动（当然，如果发球队员脚法不够好，球发得不够远的话，他们同样有机会在近点给对方造成威胁），而此时，5号队员就可以跑到小禁区边上去争抢头球了。

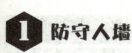 # 任意球战术 《《《《《《《《《《《《《《《《《《《《《《《《《《《

在禁区前沿获得任意球时，对方会迅速设置一道人墙来封挡住一部分球门，这时可采用下面的方式来射门得分。

❶ 防守人墙

当发现对方的人墙有缝隙或者没能完全封住射门角度，以及守门员站位错误时，可以采用大力的方式直接射门。

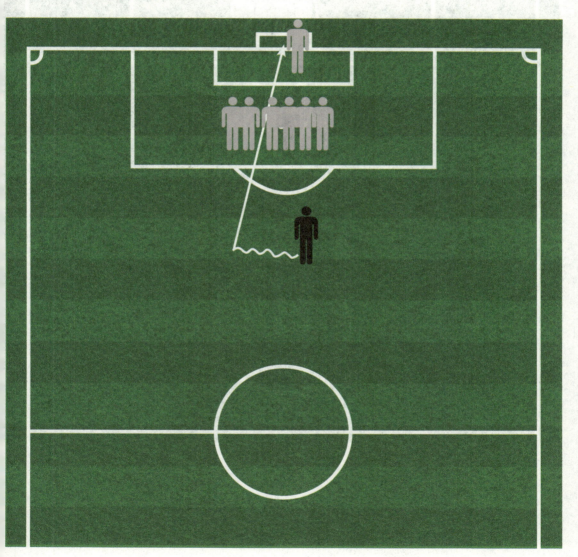

② 弧线球

踢弧线球绕过人墙是罚球最有效的手段。

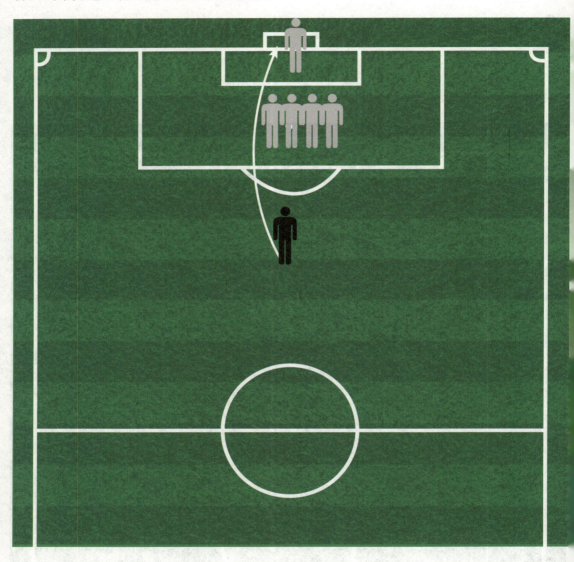

间接配合可以扩大射门角度

罚球队员简练地将球传向一边，可以快速改变和扩大进攻角度。

扩大射门角度

(1) 向两边传球，扩大射门角度。

(2) 利用短传配合，扩大射门角度。

间接射门

- 7 号队员跑向防守人墙右侧假装准备接球。

- 8 号队员将球传给另一侧的 9 号队员。

- 9 号队员用脚将球停住，后面的 10 号队员随即射门。

干扰麻痹对手

口—— 7号队员越过球挤入对方人墙，并招呼同伴射门，然后又向球走去，似乎准备参与罚球，以此吸引对方注意力。

口—— 9号队员趁机将球传给10号队员或者11号队员，同伴接球射门。

》》》 界外球战术 《《《《《《《《《《《《《《《《《《《《《《《《

随着现代足球的不断发展，利用界外球发动进攻的战术开始丰富起来，最常见的就是手榴弹战术。手榴弹战术，顾名思义，就是球员在边线投掷界外球，和战争时期投掷手榴弹一样，要远、要有力量，直接把皮球投掷到禁区内，让同伴抢点攻门。值得一提的是，界外球是不受越位规则限制的，围绕界外球的战术也越来越多。

1 手榴弹战术代表球员

(1) 罗里·约翰·德拉普

德拉普是爱尔兰足球运动员，担任中场。德拉普擅长投掷远距离界外球。

(2) 阿隆·冈纳森

冈纳森曾效力卡迪夫城、考文垂等队。在2016年欧洲杯F组最后一轮中，冰岛2:1击败奥地利，历史性地晋级16强。冰岛的第1个进球就是由队长冈纳森的"手榴弹"间接助攻了伯德瓦尔森破门。

2 对"手榴弹"战术如何防守

找人前后夹防对方中锋或者中后卫，防止他摆渡或者射门，且守门员要看情况及时出击，将球直接击出危险区域。

其他注意事项：

(1) 在掷界外球的时候球不慎掉落于场外，或者当用合法动作投掷时，球的第一落点在界外，均可以重掷。
(2) 掷界外球不能直接得分，但只要有人碰触，无论是进己方球门还是进对方球门都算进球有效。
(3) 防守队员不能在掷球者身前进行干扰，而掷球者也不能故意掷击对方球员，否则均属于犯规。

3 "手榴弹"的投掷技巧

身体面对出球方向，两脚前后开立，屈膝后仰，两手自然张开，拇指相对，持球的后侧部并屈肘置球于头后。然后，后脚用力蹬地，依次进行摆体、收腹、挥臂、甩腕的动作，迅速、有力地将球掷向预定目标。整个动作可用移重心、蹬地、挺髋、挥臂、甩腕、拨指来概括。要求队员从蹬地时开始发力，由下至上协调、连续地将球掷出。

▫— "手榴弹"的投掷技巧

≫ 球门球战术 ≪≪≪≪≪≪≪≪≪≪≪≪≪≪≪≪≪≪≪≪≪

在现代足球中，对守门员的要求越来越高，守门员不再局限于只承担防守的任务，还要承担发动进攻的职责，这就产生了球门球战术。一般来说，球门球战术指的是守门员直接起大脚或者采用手抛球准确找到前场队员，发动快速进攻或者反击。球门球战术要求守门员拥有传球的及时性和准确性。

1 球门球战术进攻的形式

(1) 在与守门员配合后由守门员发动进攻。
(2) 中短传于两翼或中路队员组织进攻。
(3) 长传快攻。

对于以上形式而言，长传快攻威胁最大。长传快攻的运用主要依赖于防守方队员的回位速度。一般来说，它是在防守队员回位较慢或组织不稳且进攻队员已居于前方的形势下采用的。

2 球门球防守战术

当对方发球门球时，防守的主要任务是迅速组织阵形，每一个队员要根据自己的防守任务，分别盯住对方或站好位置。在整体位置的布置中，需注意的是各线间的适当距离和位置间的相互保护措施。在发球门球时，有时几个防守队员也可站在禁区外附近，干扰进攻队员的推进或发球配合。

≫ 罚球点球战术 ≪≪≪≪≪≪≪≪≪≪≪≪≪≪≪≪≪≪≪≪≪

1 主罚队员

(1) 以射准为主，以力射为辅，射球门的底角和上角最优，但要留有余地。
(2) 心理要稳定，有必进的信心。
(3) 先看守门员的位置，再决定射门方向，且不能轻易改变决定。

2 守门员防守

(1) 心理要稳定。
(2) 可以故意放大一侧的假动作迷惑干扰对方。
(3) 掌握对方惯用的脚法和射门方位等特点，有针对性地防守。
(4) 不论射向哪个方向，都是向某一底角扑出。

1 英格兰

传统打法是长传冲吊，即几个中锋在前面，后场拿到球就往前长传，靠前锋来冲垮对手后防线的打法。

优点：简单、易行。

缺点：打法单调，遇到高大后卫效果不好，容易受到克制。

2 法国

欧洲拉丁派的代表，通过中场的强大控制力来实施进攻。边路突破和中路强攻结合，是现在的主流踢法。

优点：威力巨大，套路多变。

缺点：对球员技术水平和体能要求相对较高。

3 德国

强有力的进攻方式。德国的打法是利用身体优势控制中场，而后通过中路的倒脚强行攻击，因此中路强攻是德国队特有的战术。

优点：直接、有效、简单、易执行。

缺点：遇到密集防守效率不高。

4 荷兰

全攻全守足球是荷兰足球的特点，但是在现代足球中很难达到真正意义上的全攻全守。

优点：完美。

缺点：防守稍显薄弱，对队员和教练的理解力、素质要求过高，且过于完美，故执行性差。

5 意大利

稳固防守、伺机反击、1：0主义是意大利足球的风格。当"链式防守"出现并取得成功后，意大利队多年来一直坚持这样的打法。

优点：稳妥、实用。

缺点：保守、消极。

6 西班牙

欧洲拉丁派最典型的代表，通过队员细腻的技术，中场不厌其烦的倒脚，拉扯出空当，并给予对方致命一击。

优点：打法华丽，进攻犀利。

缺点：防守较薄弱。

7 巴西

巴西队主要以进攻为主，队员灵活的脚法让其在一对一的时候占上风，然而过于重视进攻的后果就是疏于防守。

优点：进攻强大（没有可以超过的了）。

缺点：防守糟糕。

8 葡萄牙

葡萄牙足球的特点是攻守平衡，缺点是葡萄牙队的中路进攻能力较弱。

优点：攻守平衡。

缺点：对于球员技术水平要求较高，中路进攻能力有限。

9 阿根廷

阿根廷队注重防守也倾向于进攻，但是与巴西队不同，差别在于阿根廷队的进攻更有效率。

优点：进攻高效，防守也有所保障。

缺点：对球员体能要求很高，遇到凶狠的球队（如德国队）可能就会受到限制。